OCT — '06

LA ADOPCIÓN

Cómo adoptarlos y cómo educarlos

LA ADOPCIÓN

Cómo adoptarlos y cómo educarlos

MARIANO GONZÁLEZ RAMÍREZ

Copyright © EDIMAT LIBROS, S. A.

ISBN: 84-9764-302-X
Depósito legal: M-48674-2002
Fecha de aparición: Febrero 2003

Colección: Guía de padres
Título: La adopción
Autor: Mariano G. Ramírez
Diseño de cubierta: El ojo del huracán
Impreso en: LÁVEL

IMPRESO EN ESPAÑA – *PRINTED IN SPAIN*

INTRODUCCIÓN

El subtítulo de la obra nos lleva a tratar este tema en orden a dos partes bien diferenciadas. Una que habla de procedimientos para llevar a cabo adopciones y otra de orden educativo (¿cómo educar?).

Imagino que habrá padres que compren esta obra con miras a adoptar un hijo y tener una referencia de cómo hacerlo, y otros que teniendo uno o más hijos adoptados desean tener pautas para educarlos. El libro, por tanto, tendrá una primera parte donde trataremos el tema educativo y una segunda parte donde hablaremos de procedimientos para adoptarlos (abordaremos el tema genérico de los acogimientos y la adopción).

¿Por qué primero desarrollamos la parte: Cómo educar, frente a la segunda: Cómo adoptarlo? Es muy sencillo, antes de iniciar ningún proceso de adopción, debemos analizar y tener en cuenta todos los aspectos que influirán en la familia que adopta y en el hijo adoptado, y esto podemos conocerlo si planteamos en primer lugar el tema de la educación, que realmente es el tema del desarrollo de la personalidad y la dinámica familiar que pueden vivir la familia y el hijo adoptado. Tener ideas falsas, inmaduras, expectativas fantasiosas, o simplemente basarse en las propias necesidades, tendencias y gustos para adoptar un hijo, puede llegar a ser finalmente un problema.

Por otro lado, hablamos de adopción como un concepto genérico donde incluimos el acogimiento familiar. Realmente el Acogimiento puede ser finalmente un proceso que en muchos casos termina con la adopción. Algunas definiciones nos indican que «el acogimiento es una conducta positiva que requiere actitudes y aptitudes de ayuda, aceptación, aprobación, protección y amparo».

Realmente el Acogimiento introduce la idea de la ayuda al prójimo aunque no se tengan vínculos de sangre, y esto siempre ha existido en todas las culturas y en todos los tiempos. Esta acción de caridad incluso es observada en el mundo animal, y se observa también que no es una conducta fácil y que requiere renuncia, sacrificio y mucho amor a los demás.

En el reino biológico observamos que las crías no consanguíneas son difíciles de aceptar por potenciales padres adoptivos, y que en cualquier caso para que sean vistas como hijos propios se requiere un proceso de adaptación, hasta que aparece un cierto vínculo afectivo.

El Acogimiento implica ayuda que no tiene por qué implicar adopción. La Adopción nos lleva al concepto de patria potestad, a ser padres. Este vínculo es menos generoso y entregado que el de Acogimiento, donde ser padres, tener los derechos exclusivos e invariables en el tiempo, sobre el hijo adoptado, no existe. Y sobre esto se establecen a la hora de la verdad enormes conflictos entre familias e hijo. Hablamos pues de Adopción, pero recogemos el Acogimiento como una de las realidades más frecuente en una realidad nacional o de comunidad autónoma.

Esperamos que esta obra sea de utilidad para tantos padres que están inmersos en la extraordinaria y humana acción de adoptar y acoger hijos. Cuando hablamos del hijo adoptado o acogido en la familia, es verdad, esto es así para las adopciones, y no es «hijo» en muchos casos de acogida; de cualquier modo, cuando hablamos de hijo lo hacemos sin pensar si esto tiene o no reflejo en la realidad jurídica para pasar a ser sinónimo de vínculo o relación afectiva de tratamiento a un semejante como lo hiciéramos con cualquier hijo biológico nuestro.

«Probablemente a todo el mundo le gustaría adoptar, pero no todos lo hacen, y algunos no pueden hacerlo. Esto se debe a que la distancia que separa a los adoptantes de los demás es abismal, e implica una introspección profunda y una revisión íntima y sincera de las motivaciones que conducen a iniciar un proceso de adopción. Nunca hay que olvidar que una vez dado el primer paso resulta muy difícil volver atrás; pero si las razones no son firmes, es fácil sentirse decepcionado. La mayoría de los fracasos y de los conflictos se deben a esa falta de hondo convencimiento por parte de los solicitantes.

Por eso, la adopción no puede ser una obra de caridad. El futuro de seres humanos frágiles y sometidos a situaciones precarias está en juego y depende de los adoptantes. Sin duda, la caridad es un sentimiento noble y denota una actitud solidaria con el sufrimiento ajeno, pero en muy pocas ocasiones se muestra compatible con el hecho de adoptar, que supone un compromiso para toda la vida. El prohijamiento debe ser el resultado de una certidumbre: ser capaz de caminar al lado de un niño afligido y asumir con antelación todas las consecuencias que se puedan derivar. Los futuros padres serán los responsables del destino de ese niño y, por tanto, no pueden partir de una decisión equivocada; tienen la obligación moral de razonar en profundidad y de conocer claramente cuáles son sus posibilidades y también sus carencias. Así pues, no se trata de realizar un gesto humanitario, sino de contraer una obligación mucho más importante.

Un niño que proviene de una realidad muy distinta a la de los solicitantes se incorporará para siempre al seno de la intimidad familiar; desde el momento en que sea efectiva la adopción, formará parte integral de la familia, y se deberán aceptar sus diferencias y compartirlo todo con él. La integración supone el reconocimiento del niño como un miembro más de la familia no sólo por parte de los padres adoptivos, sino por parte del entorno de éstos. Aunque el niño debe conocer su procedencia, con el tiempo todos habrán de relegar la condición de adoptado al olvido. Un niño adoptado no puede ser el «bicho raro» que ha caído de otro planeta, sino un hijo a quien se va a ayudar y acompañar durante un largo camino. En fin, la adopción es un compromiso que va más allá de la simple docilidad.

Fácilmente se compadece uno de la desgracia de estos niños. Delante de la televisión, desde el sofá, todo el mundo siente lástima por esos pobres pequeños abandonados, explotados y torturados. Las imágenes de algunos reportajes, como el que se transmitió en 1995 sobre los orfanatos chinos, pueden despertar vocaciones. En momentos así, frente a la pantalla, la miseria conmueve, y mucha gente se pregunta por qué no plantearse decididamente la adopción: los más emotivos echan unas lágrimas; otros se indignan ante tamaña injusticia; algunas almas caritativas prometen que se informarán sobre los requisitos y trámites necesarios para adoptar; finalmente, hay a quien le da igual. Pero la vida sigue y la mayoría de las personas no adoptan, y eso por muchas razones, algunas muy respetables. Por lo menos, el impacto televisivo tiene el mérito de suscitar un debate que a veces aclara perspectivas equivocadas sobre las vías que llevan a la adopción. Normalmente, las buenas intenciones acaban cuando alguien empieza a contar su propia experiencia; la lista de comentarios que suscita es interminable: «¡Mira los problemas que han tenido nuestros amigos! ¡Qué coraje! ¡Qué voluntad! ¡Yo no podría hacerlo! Estos niños nunca pueden ser tuyos; no se asimilan, y tienen atavismos. Además, no conoces a sus padres. ¡Mira la pequeña de los vecinos!, tiene atrasos...» Todos los que han adoptado conocen el discurso; saben que no se hace con mal talante, pero puede ofender (Del libro *Adoptar un hijo hoy*).

I PARTE

¿Cómo educarlos?

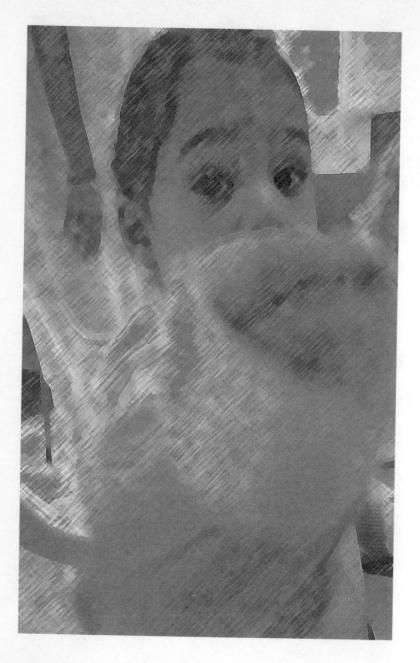

CAPÍTULO I

EL RECIÉN LLEGADO

Tener un hijo adoptado o acogido, después de concluidos todos los procedimientos legales, y ya cuando la familia recibe a ese hijo comienza para ella una nueva circunstancia donde aparece alguien «recién llegado».

El recién llegado a la familia, antes o después, crea un parentesco especial, en el sentido de que no es un hijo engendrado el que llega a nuestro hogar. Uno se puede preguntar, pues, por el significado de lo biológico y de lo social.

He visto tan conmovidos, tan afectivos y cariñosos, tan deseosos de *amar*, a tantos padres que han adoptado o acogido hijos, que se puede asegurar que ese vínculo especial que se establece con el hijo adoptado o acogido lleva el signo afectivo tan marcado como si es biológico. Principalmente cuando ese vínculo afectivo se desarrolla en el tiempo.

«El cariño se hace con el roce diario.» El amor se hace caminando, conviviendo, actuando, interactuado... Por tanto, según esto existen muchos espíritus familiares en orden a la adopción y el acogimiento.

¿Cuál es mi circunstancia y mi contexto actual para adoptar o acoger un hijo? Y cuando lo he adoptado o acogido, después del tiempo, ¿cómo veo yo a ese hijo adoptado o acogido? Son cuestiones básicas que vamos a ir desarrollando.

La experiencia que tenemos con padres cuyos hijos son adoptados o acogidos, nos brinda la posibilidad de constatar que los hijos adoptados o acogidos son en la mayoría de los casos: ¡hijos! ¿Qué quiero decir con esto? Que en realidad el hijo adoptado o acogido presenta unos perfiles de adaptación como en cualquier familia donde los hijos adoptados o acogidos no existen, aunque se observan ciertas peculiaridades.

Es decir, podemos encontrarnos con tantas situaciones en la adopción y el acogimiento desde el punto de vista psicológico como familias adoptaran o acogieran hijos. El desarrollo de la personalidad del hijo adoptado o acogido va a depender mucho de qué tipo de familia acoge a ese infante, o niño, adolescente. Y por supuesto también va depender de la personalidad natural del propio hijo.

Nunca en ninguna otra situación de la familia podríamos plantearnos ese tema tan clásico para los psicólogos en el que planea esa cuestión tan repetida de: ¿qué dimensiones de lo que es mi hijo adoptado se deben al ambiente y qué otras son propias de la herencia?

Esta problemática una vez que el hijo adoptado o acogido, en el tiempo, está incorporado a la familia simplemente no se plantea, a no ser que existan circunstancias especiales. El hijo adoptado o acogido simplemente es eso: ¡hijo!

Pese a todo, estas cuestiones nos llevan al centro de algunas inquietudes que pueden tener los padres al respecto del hijo adoptado o acogido. Eso lo hemos visto en las reacciones que tienen muchos padres a la hora de adoptar o acoger, o al principio de la adopción o al acogimiento. Hay una sutil inquietud: «Los padres biológicos quiénes serán, y cómo lo que ellos sean va afectar a lo que mi hijo es o será.» Y existe otra inquietud clara: «¿Hasta qué punto será esencial lo que nosotros como familia le demos a este hijo?»

En realidad, la cuestión es: ¿Qué predominará más, lo biológico o lo social? Nosotros apostamos porque hay un predominio que determina la personalidad por el influjo que la persona recibe del contexto donde está. Somos lo que nuestro medio ambiente es, y nos vinculamos en parentesco especial con los que habitualmente nos rodean. Para muchos padres con hijos adoptados o acogidos, y que ya han pasado un proceso que pudiéramos definir como de adaptación, simplemente esas inquietudes desaparecen, y dicen que el hijo adoptado o acogido es simplemente «hijo» y nada más, con todo lo que esto significa.

Unos padres que van adoptar o acoger por primera vez a un hijo, desde luego, ven aparecer muchas inquietudes naturales de este tipo. Suelen tener mucha ilusión y a la vez también planean sobre ellos muchos interrogantes de responsabilidad.

Los contextos familiares no son lo mismo para todas la familias que adoptan o acogen un hijo. Crea una situación especial en aquellas familias que van a tener por primera vez un hijo, y ese hijo será único. Posiblemente, se ven obligados a adoptar dos hijos al mismo tiempo (dos hermanos), y el orden familiar varía en función de esas circunstancias.

No es lo mismo si el hijo o hijos adoptados o acogidos llegan a una familia que tiene otro u otros hijos biológicos. Y luego aparecen otras circunstancias como que no es lo mismo si a la familia llega un bebé, o un niño de edad más mayor, o incluso personas casi adolescentes. Y las circunstancias con que llegan a la familia, que previamente tiene información: es decir, si llegan sanos física y psicológicamente, o tienen una historia de desventaja social, física o sociológica.

En este sentido, el hijo adoptado o acogido presenta una casuística especial con relación al hijo natural, que es realmente lo que hace que la adopción o el acogimiento sea un tema especial dentro de la familia.

Es lógico en este sentido que la Administración, cuando consiente que una familia adopte o acoja un hijo, previamente, verifique mediante un estudio de los especialistas legalmente constituidos, si la familia es la idónea. Básicamente lo que establece el procedimiento administrativo son criterios y toma medidas legales para lograr que se consume la adopción o el acogimiento desde el punto de vista más positivo posible. Aunque con mucha frecuencia observamos que aparecen muchos defectos de forma y de contenidos.

La Ley se centra única y exclusivamente en el niño, en proteger sus derechos, y menos profundo es tener en cuenta a los otros protagonistas de estas historias. Así que frecuentemente los medios de comunicación dan señales de alarma de lo mal que se plantean algunos casos, cuando no son los propios interesados que se quejan de falta de humanismo en las formas y los mecanismos quedando todo en fríos procesos burocráticos. Si vais a acoger o pretendéis adoptar a un niño armaos de paciencia, buena voluntad y mucho amor.

Esto, visto desde el ángulo teórico a cualquier persona lógica le parece normal; otra es luego la práctica diaria y la dinámica que se establece sobre el terreno, donde podemos ver que los sistemas de adopción pudieran ser mejorados.

Es evidente que lo que hace la Administración es informar sobre todo lo que rodea al hijo a adoptar o acoger; también se asesora primero de las condiciones, en todos los órdenes, de la familia que le vaya a adoptar o acoger, y luego se trata de hacer un seguimiento de la evolución del niño adoptado o acogido.

Estos son planteamientos lógicos. Lo que sucede con la acogida o la adaptación tiene su casuística, y dentro de lo que es una referencia teórica cada hijo adoptado o acogido posee su peculiaridad.

En cuanto a los procedimientos administrativos hay muchas opiniones diversas; entre ellas hay quejas de estar ante procesos muy largos, y a veces para acortarlos son excesivamente caros desde el punto de vista económico. Para mucha gente que desea adoptar o acoger hijos los propios trámites son un engorro, por lo que antes de comenzar abandonan la posibilidad de adoptar un hijo.

Si estamos hablando de Acogida y Adopción desde el punto de vista legal convendría aclarar estos conceptos para saber de antemano ante qué panorama nos encontramos.

A nivel internacional lo que se realizan son frecuentemente procesos de adopción, aunque a nivel de acogimiento existen también muchos intercambios familiares temporales. No podemos olvidar el caso de unos niños rusos que vinieron en régimen de acogimiento familiar y, finalmente, tras una fuerte lucha se consiguió que el gobierno ruso los dieran en adopción a las familias españolas.

Existen, pues, muchos tipos de acogidas familiares y algunas de ellas terminan en procesos pre-adoptivos y adoptivos.

El acogimiento familiar trata de la colocación de niños y adolescentes en casa de otras familias diferentes a las propias. No entraña necesariamente la aceptación de que consideremos al niño o el adolescente hijo nuestro, aunque lo tratemos como tal.

Esto ha de tener en verdad una regulación legal. Aquí en España existen normativas a nivel general, pero son las administraciones de las autonomías quienes tienen las competencias.

«Desde que se conoce la existencia de colectivos humanos, la ayuda en el cuidado de los más necesitados de atención se ha compartido entre varias familias; distintas modalidades han sido utilizadas según las culturas y los momentos históricos, pero siempre se ha compartido la crianza de los niños y adolescentes con otros adultos del grupo, hayan sido miembros de la tribu, abuelos, los hermanos mayores, los tíos, amigos, vecinos, padrinos, nodrizas, canguros, etc. Desde hace siglos se conocen formas de educación en las que los padres comparten con otros adultos que están ligados por lazos de sangre o por otros vínculos que parecen obligar a prestar ayuda aunque no haya vínculos familiares... En nuestras sociedades existen estos tipos de redes de apoyo, pero coexisten con situaciones de aislamiento social que tampoco son nuevas. Por muy diversas causas hay familias que ni desean o no pueden utilizar las redes vecinales o familiares para recibir ayuda en los momentos de crisis, por razones tales como la excesiva nuclearización de las familias del medio urbano e industrial, la migración a lugares alejados de sus redes naturales, la marginación social, etcétera. Algunas familias no cuentan con otros adultos en los que poder confiar suficientemente como para pedirles ayuda en el sostenimiento de sus miembros cuando ellas atraviesan graves momentos de dificultad.

Para afrontar las situaciones de dificultad social se conocen antecedentes en Europa que se remontan a costumbres medievales de colocación de niños y adolescentes en casa de otras familias, hacer de sirvientes y escuderos, a cambio de recibir cobertura de sus necesidades básicas y formar como aprendices de oficios.

Ya en las *Poor Laws* (leyes de Pobres) del siglo XVI en Inglaterra se habla de acogimiento familiar, pero no se amplió la colocación de niños en familias distintas a la propia hasta 1834 en la Ley de enmiendas de pobres *(Pour Enmendent Act)*. Con el Reino Unido, Estados Unidos ha sido el país que más ha acuñado el modelo formalizado de *foster care* o acogimiento familiar. Desde la época colonial los hijos de los indigentes fueron colocados por la administración en familias a las que se les pagaba una cantidad por su manutención. Dadas las bolsas de pobreza que existían en las ciudades del Este se organizaron traslados masivos de niños al Oeste, donde muchas familias estaban dispuestos a mantenerlos y enseñarles el oficio para el que se precisaba mano de obra. Con la conversión de este sistema en subastas de niños y muchas veces explotación la administración fue adaptando sus leyes presionada por las nacientes organizaciones defensoras de los niños durante el siglo XX, hasta evolucionar hacia uno de los sistemas más modernos y preventivos.

El modelo anglosajón fue copiado por la mayoría de los países europeos después de la Segunda Guerra Mundial. Con tal generalización se ampliaron también la tipología de los acogimientos previstos por la legislación del Estado de Bienestar; cada uno recoge las peculiaridades de organización de sus comunidades y se adapta además a las necesidades cambiantes de su realidad. Así se pueden encontrar sistemas de acogimiento familiar para deficientes, para ancianos, para toxicómanos y para jóvenes infractores. También se ha diversificado el acogimiento familiar según su duración desde unas horas hasta varios años. Otra clasificación básica se constituye cuando las acogidas son solicitadas voluntariamente por la familia de origen del menor, o por el contrario, son prescritas de forma judicial.

Por regla general la mayoría de las modificaciones en la normativa sobre acogimiento familiar, así como la promoción e intensificación de dicha figura, se dieron como consecuencia de los informes y evidencias de los resultados nefastos que la institucionalización de los menores tenían en su desarrollo personal y adaptación social.

En España existen antecedentes del acogimiento familiar desde tiempos muy remotos, pero se cuenta con la legislación desde que en 1778 Carlos III promulgara la ley de prohijamientos y adopción de expósitos. La función de selección de las familias recaía en los directores de los orfanatos y la persona que prohijara a un menor debía cumplir algunas de las obligaciones derivadas del ejercicio de la patria potestad. El acto de prohijamiento era puramente administrativo, no judicial; no se resolvió a legislar esta figura hasta que muchos años más tarde, en 1937, después de haber utilizado siempre la expresión «colocación familiar», algunos reglamentos se refieren al acogimiento familiar de los menores abandonados.

El Decreto de creación de los Tribunales de Menores de 1948 previó para sus facultades de protección y reforma que se pudiera colocar a un menor bajo la custodia de una persona, familia o sociedad tutelar; esta medida se denominó confinamiento. En realidad la posibilidad real de confinamiento familiar no fue utilizada más que durante la década de 1970 para algunos niños cuya situación legal no permitía la adopción. Éstos fueron colocados en familias en un intento de interrumpir su estancia en centros hasta su mayoría de edad. Se denominó comúnmente a esta situación guarda y custodia, resumiendo así los deberes y derechos contemplados en el Código Civil, que asumía la familia que recibía al menor en su casa. Así la familia de origen no perdía los derechos inherentes a la patria potestad y la familia cuidadora no se convertía en tutora del menor, sino que sólo se confiaban derechos de guardar y custodiar al menor mientras no lo hacía la propia familia del niño ni un centro-residencia.

A partir de 1979, los Ayuntamientos democráticos y las Comunidades Autónomas retomaron el interés por el acogimiento familiar como recurso social que podía cubrir un tipo de necesidades para las que no existía un dispositivo adecuado. Ante situaciones de necesidad de separación familiar temporal solo cabían dos salidas, el ingreso en una residencia muchas veces sobrecargada o bien la adopción del menor por otra familia.

En noviembre de 1987 se llevó a cabo una reforma del Código Civil en materia de adopciones y acogimiento familiar, en la que por primera vez aparece regulada la figura del acogimiento familiar. A partir de este momento, las competencias sobre esta materia son asumidas por las Comunidades Autónomas.» (Estudios e Investigaciones del Defensor del Menor en la Comunidad de Madrid.)

Actualmente, en España y sus diversas Autonomías asume las actividades de protección del menor, y se trabaja con equipos interdisciplinares que velan por los procesos adoptivos y de acogida; y aunque existan muchas deficiencias también es cierto que los niños y adolescentes más desfavorecidos se benefician de una amplia protección social, y así se han ido gestando multitud de leyes. La adopción y el acogimiento familiar están ampliamente desarrollados en nuestro país, que a su vez tiene múltiples relaciones con este asunto a nivel internacional con firmas de tratados y convenios.

Es en las instituciones de las Autonomías donde las familias que pretendan adoptar o acoger a niños y adolescentes inician estos procesos, pero esto lo desarrollaremos en el segundo capítulo. Ahora, nos centraremos en la cuestiones humanas, psicológicas y educativas que rodean la adopción y muchos tipos de acogimiento.

LA GRANDEZA DE ADOPTAR

Oí en las noticias de la televisión un caso que en realidad no importa cuándo pueda suceder, y si tiene simplemente la posibilidad de ser, pues hay que analizarlo. Este caso fue muy sonado y reiterativo en los medios de comunicación españoles: Un bebé de poco más de 12 meses, hijo de dos personas con problemas psiquiátricos —parece que han sido diagnosticados de esquizofrénicos o algún tipo de psicosis endógena—, habían sido llevados a una pareja jóvenes en régimen de acogida, y esto no se había hecho por voluntad de los padres biológicos sino por decisión de las autoridades y por prescripción médica.

La palabra endógena significa que la enfermedad mental de estas personas tiene carácter somático, y por tanto se prevé su carácter hereditario. A los padres de acogida se les previno de tal posibilidad. Estos padres se plantearon muchas cuestiones muy humanas, y finalmente tomaron la decisión de acogerlo.

Una buena toma decisión en este sentido antes de hacer nada resulta de extraordinaria importancia.

28

Cuando entrevistaron en televisión a esta pareja joven, al varón se le veía emocionado después de unos meses de haber acogido a este niño a quien quería como a un hijo propio. Nadie podría decir tras su sentimiento que aquel hijo no fuese más hijo que cualquier otro hijo, biológico o no. Esta pareja partía de una necesidad básica: no podían procrear ellos y deseaban adoptar un hijo. Así que aquel niño colmaba sus aspiraciones.

Detrás de cada adopción existe una ingente cantidad de motivaciones humanas, y detrás de cada hijo adoptado hay un historia frecuentemente llena de asuntos casi siempre impregnados de dolor, de ruptura, de drama humano. Así que por eso las adopciones resultan ser cuestiones de un calibre especial al ser abordadas dentro de la familia. Pero no sólo la familia que acoge tiene su historia, en el contexto social del que viene el hijo existe un caldo tremendo de historias humanas (o inhumanas). Quiero decir que si alguien que tiene un hijo adoptado y es tan querido como un hijo, si se presenta la ocasión de que se lo «quitasen» el dolor afectivo es tan tremendo como si a cualquier familia le arrebatasen un hijo. (Esa es la idea de fondo del drama de las adopciones mal resueltas...)

Los padres biológicos de este bebé vivieron realmente el dramón de su vida. Una persona diagnosticada de esquizofrénica no tiene sus luces, su lógica está rota. Un esquizofrénico puede ser alguien muy inteligente, en lo que existe un desequilibrio es en su personalidad emocional. En su yo dividido, en la manera de afrontar el mundo. Lo cierto es que el bebé de esa pareja era un hijo deseado, nacido fruto del amor de estas personas.

La madre, como tal, expresaba en las imágenes que yo vi en la televisión una ternura increíble por su hijo. El peligro para las autoridades estaba en que ese yo escindido, dividido, desadaptado de la realidad —a veces— pudiera poner en peligro la integridad del niño.

En las autoridades privaba el sentido de la responsabilidad por la seguridad del bebé. En un momento de crisis podría desatarse un peligro inusitado ante un yo dividido. Así que el bebé estaba en un centro de acogida, y su madre allí lo veía y trataba como a su hijo querido y deseado.

Un día se lo llevaron, y ellos se quedaron sin nada, sin su hijo amado. El drama estaba servido. Unos eran partidarios de una cosa, otros de otra y al final todo quedaba en mano de los juzgados. En el fondo, inseguridad, emociones y sentimientos rotos. Las adopciones llevan detrás su historia, y estas historias suelen ser dramáticas en su origen. Hijos de países pobres. Hijos abandonados, hijos explotados, hijos injuriados por la vida... Así que la adopción, en muchos casos, tiene un final feliz para muchos afortunados.

* * *

«El juez del caso de El Royo dice que respetará los intereses del niño. (La madre biológica pide ingresar con el menor en un centro asistencial.)

El titular del Juzgado número 6 de Salamanca, Luciano Salvador, instructor del caso del menor de 21 meses acogido con fines preadoptivos por un matrimonio de la localidad soriana de El Royo y reclamado por su familia biológica, aseguró ayer a Efe que cualquier decisión que adopte en relación a este caso "tendrá muy en cuenta al niño".

El juez subrayó que sus resoluciones estarán encaminadas a respetar los intereses del menor, al tiempo que no quiso entrar a valorar otro tipo de gestiones realizadas por las partes afectadas. En este sentido, el juez no quiso avanzar si va a suspender o no la ejecución del auto que implica la separación del niño de sus padres de acogida para internarle en un centro de menores en Salamanca cercano a la residencia de su familia biológica. En este sentido, la Junta de Castilla y León solicitó ayer al juez que demore la ejecución de la sentencia con el fin de que pueda pronunciarse antes el Tribunal Constitucional, órgano ante el cual la Administración regional tiene planteado un recurso de amparo.

Asimismo, el juez Luciano Salvador confirmó que un funcionario de la Junta de Castilla y León presentó ayer por la mañana en el Juzgado la documentación anunciada el viernes por el consejero de Sanidad y Bienestar Social, Carlos Fernández Carriedo, relativa al caso. En esta documentación se incluye un informe técnico, elaborado por psicólogos y expertos en atención al menor, sobre los efectos que para el niño tendría su internamiento en un centro de acogida. En la documentación se justifican también los motivos que han impedido el ingreso del menor en un centro institucional para que pueda ser visitado por la madre biológica. La Junta también presentó ayer el certificado médico en el que se hace referencia al estado de salud del niño, quien, de acuerdo a este informe, padece una afección gripal.

Por su parte, la madre biológica, Margarita Bernal, que sufre un trastorno bipolar, pedirá ser ingresada con su marido y su hijo en un centro asistencial de Valladolid. En unas declaraciones a un medio de comunicación, Bernal aseguró que "al igual que mujeres que están en la cárcel pueden estar con sus hijos, yo creo que también tengo derecho a estar en un centro con Diego". Mientras tanto, Margarita Bernal no descarta la posibilidad de irse a vivir a El Royo durante un periodo de tiempo "para que el cambio no sea traumático para él". En este sentido, agregó que su abogado le ha dicho que esté "tranquila, que no vuelva a El Royo porque es posible que mañana tenga a mi hijo aquí". A este respecto, el abogado de Margarita Bernal dijo ayer que "se cambiará sustancialmente de estrategia" en la defensa de su cliente.»

«Sentencia en Sevilla.—Por otra parte, el juzgado de Familia número 7 de Sevilla ha citado dentro de dos semanas a unos padres de acogida para que comparezcan al objeto de cumplir la sentencia de la Audiencia de Sevilla que ordena que dos menores acogidos con ellos sean devueltos a su madre, ex alcohólica.

Esa comparecencia, según fuentes del caso, tiene por objeto hacer ver a los menores, de seis y ocho años de edad, que van a regresar con su madre biológica.

En la resolución los magistrados de la Audiencia recuerdan que tras oír en declaración a los dos menores, éstos se mostraron dispuestos a regresar con ella, porque ha superado el alcoholismo.» *(ABC.)*

* * *

Pero claro, a veces depende de dónde vaya el niño; por eso hay que extremar los cuidados en que la familia de acogida esté suficientemente preparada, sea equilibrada, tenga los recursos materiales suficientes, etc. El tema es muy serio. ¿Qué pasaría si con un hijo adoptado hiciésemos como con el perro abandonado de esas campañas de protección de animales anunciadas por la televisión?

Adoptar un hijo no puede ser consecuencia de la moda, ni del capricho, ni del azar, ni del egoísmo, sino de la madurez, la reflexión y la responsabilidad. Adopto un hijo con todas las consecuencias.

Si la adopción no es fruto de la reflexión y del amor, de la madurez, ¿qué podría pasar con ese hijo? Habría que estar a las duras y a las maduras, habría que aceptar profundamente y con naturalidad el color de su piel, su sexo, sus problemas psíquicos o físicos.

Esa es la grandeza de la adopción, establecemos y hacemos hijo nuestro a quien no es propio mediante el acto de amor de la tolerancia y el respeto, de la ayuda a un ser humano ante sus desgracias (físicas, psíquicas o sociales).

Los padres que llegan a adoptar hijos con «taras», con problemas de cualquier índole, tienen un gran mérito, si nunca se vuelven atrás y abandonan su lucha, su entrega. Para los que consiguen hacer esas cosas: ¡Qué humanos sois, y que buenas personas...!

Si los seres humanos nos moviésemos así en todas las cosas, ¡qué gran humanidad tendríamos! Y digo esto porque no es fácil a veces atender al hijo adoptado que presenta dificultades.

Recuerdo el caso de unos padres que adoptaron a dos hermanas. Ellos eran un matrimonio maduro dedicados a una profesión liberal. Las dos chicas fueron necesariamente adoptadas como es lógico por esta pareja. No tenían hijos y hacía largo tiempo que deseaban sentirse padres. Les llegó esta felicidad con una chica de unos seis años y una adolescente de aproximadamente trece años.

De repente, en un hogar de dos personas aparecen dos más. La familia cambia todas sus costumbres. Al correr del tiempo estos hijos presentaron muchos problemas de rendimiento, y la pequeña, de adaptación de conducta y falta de atención muy marcadas. La pequeña presentaba una personalidad difícil. Tenía episodios enuréticos (hacer pis), «robaba» cosas a sus padres y compañeros. Su atención era dispersa.

La mayor iba mal en los estudios por presentar un enorme retraso en lo escolar y baja capacidad aptitudinal. Cuando yo veía a aquellos padres amorosos, muy entregados y afectivos, me llenaba de satisfacción que existieran personas así. Aquellas dos chicas eran sus hijas, sencillamente, y como tal obraban.

En esto no hay ningún inconveniente en ver la grandeza humana. La cuestión se presentaba en otro terreno, como a cualquier otro padre de familia: ¿sabían ellos adoptar las mejores medidas para educar a estas dos hijas cuyo perfil resultaba problemático?

En este caso concreto se observaba falta de preparación para actuar convenientemente, para educar bien y solucionar los problemas que estas dos niñas tenían.

Y repito, no era un problema de no dedicar recursos y buena intención, sino un tema de simple atención a adoptar pautas oportunas. Había una hiperprotección extrema, no se seguían las pautas que los profesionales daban. Y al final estas niñas crecían, mas de un modo que hubiera sido mejor encarar de otra forma. Pero esto no es un problema de la adopción, sino un tema de educación en la familia, para cualquier familia.

Ahora bien, lo que sucede es que muchas veces el hijo adoptado presenta un perfil especial. Puede ser:

—Tienen problemas físicos y/o psíquicos.

—Viene de un ambiente social deteriorado, de otra cultura...

—Puede ser un adolescente o un niño con unos hábitos y unas costumbres.

¿Qué sucede con el hijo adoptado? Que es muy probable que presente un perfil de entorno, de personalidad, problemático. Esto quiere decir que los padres deben estar preparados para esa eventualidad. Es decir, que además de ser padres deberán aprender a solucionar o canalizar convenientemente la educación de sus hijos, que pudiera ser necesario emplearse de modo especial. Es evidente que cuanto mayor sea el niño adoptado más hábitos tendrá incorporados a su personalidad, y esos hábitos a su vez serán más difíciles de cambiar, o lo que es lo mismo, que los padres deberán adoptar una actitud paciente.

Vamos a analizar el caso de un niño que antes de ser adoptado vivió un ambiente familiar enfermo y deteriorado a grados inconmensurablemente inhumanos. Este niño, hijo biológico de padres drogadictos y alcohólicos fue maltratado físicamente. La monstruosidad inhumana le llevó a ser atado con cuerdas a una silla y recibir vejaciones de diversa índole. ¿Cómo no pensar que este niño no quedara tocado en su personalidad? ¿Una experiencia tan inhumana no iba afectarle? ¡Claro que sí!, ni que un niño fuera un frío juguete de feria. Los padres adoptivos recibieron a un niño de conducta indomable, de falta de atención apreciable y desórdenes conductuales muy acentuados. Pero no pasa nada, muchos chicos de familias normales también presentan problemas. ¿Y qué hacer? Ahí es donde el padre adoptivo se debe preparar, como cualquier otro padre, a actuar según pautas y orientaciones especializadas si diera lugar. Dejarse guiar y aconsejar será una actitud que siempre debe estar sobre el tapete, o en otro caso lo podemos hacer mal. El niño adoptado puede presentar en la familia problemas especiales y hay que formarse para evitar que el niño vaya a peor.

Ser padres es una función que se aprende. ¡No dejes de aprender! Tu hijo adoptivo te lo agradecerá.

Pero no estamos aquí para monsergas, sino para reflexionar sobre las diversas circunstancias que puedan rodear interior o exteriormente al hijo adoptado.

«En la elección del pequeño que va a ser adoptado influyen múltiples factores. Aparte de los papeleos y el tiempo de espera, están los miedos que siempre existen, los posibles problemas de adaptación y la resistencia de los padres biológicos. Pero lo más difícil es lograr que las exigencias de los padres se hagan realidad: encontrar el niño adecuado a sus preferencias. Es comprensible que no todos los futuros padres se sientan capacitados para afrontar la adopción de un niño de otra raza o uno con problemas psíquicos o físicos. Por ello se intenta que el adoptante quede complacido, aunque no se le permite la elección del sexo del hijo.

Cuando la adopción ya es un hecho, el encuentro es una prueba muy importante, de la que no se deben extraer conclusiones erróneas. El sentimiento de rechazo por parte del niño o de los padres es posible y hasta cierto punto comprensible. Pero lo normal es que, con el tiempo, se llegue a una situación de calma tras el proceso de adaptación de toda la familia, puesto que hasta el momento de encontrarse ni se conocían.

En los momentos difíciles es donde tiene que intervenir la buena preparación y el convencimiento de los nuevos padres.

En la elección del pequeño que va a ser adoptado influyen múltiples factores. Aparte de los papeleos y el tiempo de espera, están los miedos que siempre existen, los posibles problemas de adaptación y la resistencia de los padres biológicos. Pero lo más difícil es lograr que las exigencias de los padres se hagan realidad: encontrar el niño adecuado a sus preferencias.

Es comprensible que no todos los futuros padres se sientan capacitados para afrontar la adopción de un niño de otra raza o uno con problemas psíquicos o físicos. Por ello se intenta que el adoptante quede complacido, aunque no se le permite la elección del sexo del hijo.»

Cada hijo adoptado es posible que nos dé un ambiente psicológico, pero esto no es diferente a lo que sucede con el hijo biológico. El problema está en que el hijo adoptado trae consigo un influjo ya recibido de su medio ambiente. Pero tampoco debemos exagerar las cosas, pues muchas veces los miedos de los padres aportan a los hijos refuerzos de conductas inadecuadas.

Para tratar de entender este concepto me gustaría hablaros de un caso real que me sucedió en un colegio donde soy orientador. Me consultó una madre sobre lo desobediente que era su hijo con ella; este niño, alumno del colegio de cuarto de Primaria, era hijo adoptado, y los padres le habían hablado de sus circunstancias. Esta madre se quejaba de que cada vez que se enfrentaba a su hijo (niño que era modélico en el colegio, en todos los sentidos) éste le echaba «los perros» encima con la frase:

—¡Me voy a ir con mis padres biológicos! —amenazaba.

La madre se sentía herida, y desarrollaba una angustia y una preocupación especiales. Uno pudiera tener la sensación de que este muchacho fuera un desagradecido. Y en absoluto era así, él em-

pleaba las armas como cualquier otro muchacho de su edad. Muchos chicos usan la angustia de los padres como mecanismos de compensación psicológica, o como una manera de llamar la atención, chantajear, etc. Muchos lo hacen. Hay que saber estas cosas para no achacar al hijo adoptado conductas como si fueran producto de una herencia o no se sabe qué influjo extraño de su vida anterior. Este chico de nueve años sencillamente solía «chantajear» emocionalmente a su madre de esta manera. ¿Qué lograba a cambio? Una atención muy centrada de la madre, el logro de conseguir aquellas cosas apetecidas.

Los padres que adoptan hijos deben controlar sus miedos, los temores de que pudieran aparecer conductas inapropiadas o inclinaciones que se deban a factores hereditarios. Es verdad que somos producto de una herencia, pero mucho más lo somos de nuestro ambiente. Somos hijos de los ambientes que nos rodean, y la afectividad ya sabemos que se genera alrededor de los seres que tenemos a nuestro alrededor. Esto es una verdad universal para los niños, de aquí la importancia de la familia para la educación de los hijos.

Pero no quiero desviarme del tema del chico de nueve años que venimos tratando. Deberíamos pensar que los padres de los hijos adoptados pudieran desarrollar un instinto especial de protección hacia el hijo adoptado. Si es el único hijo que se tiene, por supuesto, tendrá la psicología del primogénito y del hijo único. Es decir debería controlarse que no reciba un exceso de hiperprotección, que le llevaría a ser un hijo poco autónomo, dependiente, con reacciones muy egocéntricas. Ajuariaguerra denominaría esta situación del hijo único de «egoísta». No debemos pensar que el hijo adoptado se mueve como hijo único, o siendo segundo, o el menor, como producto de ser adoptado, o como producto de su herencia, sino como una reacción al medio, pero su reacción es la misma que puede producir el hijo no adoptado.

Esta madre con este hijo de nueve meses tiene una madurez, y además varios hijos naturales mayores. Este muchacho adoptado se mueve como el menor de los hermanos, y usa su frase preferida:

—¡Me voy a ir con mis padres biológicos!

Como un chantaje emocional que produce un efecto emotivo negativo en el objeto amoroso, su madre adoptiva. Ella me consultaba sobre una ingente cantidad de temores alrededor de las posibles inclinaciones de su hijo, como originarias de su condición biológica. Y nada de eso es real. La mucha dedicación a este hijo adoptado pequeño era lo que movía a la madre a generar una gran angustia por lo que este hijo «desagradecido» le devolvía a cambio de sus desvelos. Pero ahí esta la situación: hay que distinguir las cosas. Porque tengamos un hijo adoptado no podemos ver que sus conductas y reacciones psicológicas procedan de un pasado «negro y confuso», sino que en el día a día los hijos adoptados tienen conductas positivas y negativas achacables al medio inmediato que le rodea. Es decir que si hiperprotegemos mucho encontraremos reacciones y una personalidad muy dependiente, posiblemente mimosa y egoísta. Si nos desentendemos mucho, y no nos interesamos por ese hijo sus reacciones serán de despegue y conflictos emocionales diversos, pero esto sucede no porque sean adoptados, sino porque las actitudes y los comportamientos que los padres tienen con sus hijos afectan a la personalidad de éstos. En este sentido los padres que adoptan hijos deben desprenderse de los mitos y las falsas ideas de achacar cualquier defecto o problema al origen biológico de su hijo. Nuestro hijos van a ser (adoptados o biológicos) lo que los seres que les rodean quieren que sean. Podremos educar sus pensamientos, sus actitudes, sus comportamientos con relación a los valores y los principios propios de la familia.

En este sentido hay que trabajar con el hijo adoptado desde el punto de vista psicológico como lo hacemos con cualquier otro de nuestros hijos.

CAPÍTULO III

SER PADRES HOY
(Consejos para educar a los hijos)

«Ser padres hoy está muy ligado al concepto de educación, y esto no sólo es una faceta más dentro de sus funciones. La manera de entender qué es la educación ha cambiado de modo radical de un tiempo a esta parte en nuestra sociedad. El concepto de educación lo engloba todo, y está muy lejos de ser un término reducible a lo escolar, e incluso todo lo contrario: donde más se educa es en la familia; la familia lo es todo para el individuo, al menos desde que nace hasta cierta edad; la familia es la raíz, el cimiento de la persona.» («Dime tú quién es tu familia y te diré cómo te ha condicionado; ¿o mejor te diré quién eres?: Dime quiénes son tus padres y te diré como es tu familia.»)

Todo apunta a que los padres juegan un papel esencial en el desarrollo de los hijos, son determinantes en el momento de ejercer sus funciones y condicionan su futuro en el territorio de la personalidad: autoestima, motivación, eficacia, sociabilidad...

Por eso, ser padres probablemente sea una de las llaves del futuro de la sociedad y la cultura. Lo que la familia es también lo es la sociedad. No podemos esperar un milagro en nuestro mundo a manera de intervención ajena. Es la sociedad la responsable de su propio cambio, y por tanto lo es también la familia. Cada padre debe ser parte del motor del cambio que todos deseamos. Quizá, en principio, sólo de un cambio de actitud.

Es positivo que el padre haga una revisión de su función educativa. Si un padre aprende cómo comunicarse con sus hijos a cualquier edad, indudablemente podrá ayudar a su hijo potenciándolo como persona, con garantía y eficacia, desde que este nace.

Todos sabemos que los hijos en la más tierna edad (desde que nacen) necesitan para sus máximos logros unos padres comprometidos, afectivos y amorosos. Pero ésta es una condición necesaria y no suficiente para calificar la labor educativa con el adjetivo de admirable a lo largo del tiempo de tutela que realizamos con ellos. Esa condición básica debe ser enriquecida con otras actitudes y trabajos. Entre otras está el conocimiento y la información, por supuesto equilibrada y objetiva, que puede ayudar a potenciar el proceso evolutivo natural que siguen nuestros hijos. Aunque mantenemos, a pie firme, que la pedagogía del amor y el afecto es la más importante, la que más influye y determina, y debemos ser cautos y equilibrados con ella.

A veces cometemos el error de proteger en exceso creyendo que cumplimos con un deber de amor sagrado y hacemos de nuestros hijos seres inseguros, seres sin autonomía...

¿Ser padre es una función que se aprende?; ¿viene dada por la propia naturaleza humana?; ¿se corresponde con el sentido común?; ¿acaso su naturaleza sea la de un oscuro instinto? ¿Qué idea tiene de su propia función como padre?; ¿lo tiene claro?; ¿o quizá oscuro?; ¿está lleno de dudas?; ¿de temores?; ¿de culpa?; ¿de sobresaltos e inseguridades?; ¿qué torbellino de ideas le viene a la mente?; ¿lo ve fácil?; ¿lo ve difícil ?; ¿lo ve simple?; ¿lo ve complejo?...

Quizá existan tantas interrogaciones como padres hay en el mundo. Posiblemente hay multitud de maneras de ser un padre eficaz. Es probable que usted tenga aspectos de eficacia e ineficacia al mismo tiempo en el ejercicio de ser padre.

Ser padre es una función que se aprende. La educación de nuestro hijo tiene que ver con el ambiente de familia.

El concepto de familia, el concepto de ser padre o madre, hermano o hermana, cambia continuamente. Y cambia según la cultura, según la sociedad en que vivimos. El modelo de familia: de padre, de madre, de hermano o hermana, es la referencia básica sobre la que se monta toda influencia en el ámbito familiar.

La familia es la primera puerta social al mundo. La familia y su forma de vida son la base de la educación. Por tanto, hacer un breve recorrido sobre los principios de familia más generales en el momento actual y tratar de descubrir claves generales de educación en familia son el primer paso para abrirnos al universo de ser padre aficaz.

Para el Dr. Castell, la familia está en crisis, en perpetuo cambio debido a que expresa el modo de ser cultural y social de los hombres y mujeres de una época:

El triángulo familiar, padre madre e hijo, la familia nuclear clásica, está sometida a un profundo debate. Incluso hay quien dice que está en crisis irreversible.»

El amor, las normas y los límites

¿Cómo hacemos las cosas en relación con nuestro hijo?

Pautas y consejos:

1. Lo normal es tener dudas e inquietudes.
2. Podemos hacer las cosas mal sin mala intención.
3. Los hijos nunca son pequeños en relación con las capacidades que corresponden a sus edades.
4. Desechar la idea de que cualquier cosa o acción traumatiza. Este complejo amordaza la capacidad de educación de los padres.
5. Si se tiene sentimiento de culpabilidad es probable que hiperprorteja a su hijo, le llene de aspectos mal entendidos.

6. Tener normas y reglas es bueno desde el punto de vista educativo. Es saludable. El hijo las reclama.

7. No se genera en el otro un estado de infelicidad traumática por cualquier cosa vanal. Se precisa de un ambiente de desequilibrio continuo.

8. La libertad y la educación de nuestros hijos se basan también en las normas y los límites; por supuesto, en el amor.

9. El tiempo que estemos con nuestros hijos debe ser de calidad. La calidad se entiende no como una manera de permisividad total, ni como inflexibilidad en el trato. Esta calidad es un arte de equilibrios.

10. La dejación total de las funciones como padre es un «delito» moral que afecta la personalidad de los hijos en su desarrollo.

11. La dejación de las funciones hace del ser humano alguien distante, frío, capaz de cualquier cosa sin sentimientos.

12. El exceso de hiperproteción hace de los hijos seres dependientes, inmaduros, incapaces de desonvolverse en el mundo social. Este es un mal de nuestro tiempo.

13. Educar a nuestros hijos con calidad puede ser un tema de muchas incomodidades.

¿Sabemos actualmente ser padres, madres, hermanos o hermanas, de un modo positivo en relación con los miembros de la familia que nos rodean? Ante nuestros hijos nos acechan las dudas y las inquietudes. A veces creyendo hacer las cosas bien las hacemos mal y no cubrimos realmente las necesidades de nuestros hijos. Normalmente los adultos solemos ser resueltos en nuestras profesiones, pero eso no significa eficacia a la hora de educar a nuestros hijos.

¿Sabe usted qué hacer con su hijo?

Ellos captan todo, y no podemos quitarnos de encima toda nuestra responsabilidad. Los padres pueden sucumbir a los reclamos de su hijo en aspectos que parecen poco importantes, pero nuestros hijos aprenden conductas o patrones de comportamiento que, de alguna manera, los hacen ser algo tiranos, o engreídos, o caprichosos, o rebeldes, o...

Realmente esto se da porque el adulto deja de ser guía de su hijo para ser guiado; ser guiado por su hijo, que no concibe el mundo sino como un gran universo de deseos a cumplir (como manda nuestra condición natural) es un error. Cuando esto sucede es imposible educar, es imposible motivar el desarrollo. Las causas que producen estas actitudes de los padres pueden ser mútiples y muy variadas...

Por ejemplo, cuando frecuentemente llegamos cansados de nuestros trabajos, y a veces con ciertos remordimientos por el poco tiempo que pasamos con nuestros hijos, podemos con nuestro humor pasar de ellos, ser permisivos. O todo lo contrario, podemos estar pendientes hasta el límite de lo imaginable.

En el primer supuesto el padre puede distanciarse de su hijo y proyectar incluso el mal humor en forma agresiva.

En el otro caso nos volvemos consentidores y podemos caer en nuestra propia trampa al no establecer un contexto de límites y disciplina transparentes para nuestro hijo. Así, todo lo permitimos («Pobrecita, está sola durante toda la semana, no la privaré de..., por ejemplo.»)

Ninguna de estas dos situaciones favorece el desarrollo armónico de nuestros hijos cuando se realizan de modo permanente, como una manera de educar. Hay que equilibrar todas las cosas: consentir todo es un error, y ser inflexibles hasta el límite constituye una trampa mortal para la eficacia de la educación en la familia.

No hay que dejarse amedrentar, no hay que sucumbir, pero tampoco se debe machacar, triturar, destruir al otro como si fuera una propiedad con la que hacemos lo que nos da la gana. Nuestros hijos no nos pertenecen, están bajo nuestra tutela, simplemente, y esa es nuestra gran responsabilidad.

Cuando las normas son necesarias

Estamos ante la cultura de la hiperprotección de los hijos, también del culto al hijo. A veces, tememos traumatizarlo por cualquier causa. Deseamos repararlo por nuestros complejos de culpabilidad y tratamos de darle satisfacciones, muchas veces de modo inadecuado o ineficaz. Es frecuente ver que faltan referencias educativas, criterios objetivos para encauzar las relaciones de nuestra familia, este es el sentido regulador de las normas y las reglas que deben existir. No estamos hablando del imperio de la ley social, sino de reglas y normas de convivencia, a veces de moral, a veces de educación de la persona...

El caso de un niño sin normas

Conocí a unos padres cuya conclusión final era la de que su hijo pequeño debía ser totalmente libre en su comportamiento, así que aquel hijo hacia cualquier tipo de cosas; recuerdo que en cierta ocasión en mi despacho, el niño se mostró totalmente libre: se acercó a la mesa, revolvió los papeles que tenía encima y tiró al suelo un bolígrafo de un manotazo; lo hizo algo distraído, pero totalmente intencionado mientras al mirarme sonreía. Procuró en todo momento circular por la habitación produciendo fuertes ruidos: el efecto era que los padres y yo apenas si nos pudimos entender; yo, de cuando en cuando, lograba controlar algún objeto que irremediablemente iba al suelo, despistándome continuamente del objeto de nuestra entrevista. Me dijeron los padres que estaban muy disgustados con cierto test que había pasado el niño, donde se les prevenía de las consecuencias de la impulsividad de su hijo, ya que estaba afectando a los aprendizajes propios de su edad. Es decir, como su profesora no podía controlarlo en el aula para que hi-

52

ciera ejercicios de lectura y escritura el chico se re-
trasaba, y esto preocupaba al colegio donde iba.
Mientras hablaba de este asunto, como podía, el hijo
de esta familia continuaba con su actividad frenéti-
ca en mi despacho. Los padres me recomendaron dejar en paz a su hijo; me expresaron su intención de
que procurara no aconsejarles, y fueron rotundos al
decirme que sabían muy bien lo que se hacían. Mientras tanto, el muchachuelo, de unos seis años, dio un
golpe a la mesa y otro a la espalda de la madre, diciendo: «¡Vamonos ya...!», y los padres se fueron;
durante unos minutos tuve que poner orden en mi lugar de trabajo; yo era un sencillo psicólogo de colegio, del colegio donde iba aquel muchacho, y eso sí:
¡el padre me amenazó con no pagarme el informe que
había realizado sobre su hijo...!

Los límites de nuestros hijos

Las normas y las reglas deben aparecer de modo
natural desde el principio en el medio familiar; eso
organiza tanto a los padres como a los hijos, armoni-
za la convivencia y el crecimiento, potencia la educación en la familia, también fuera de ella.

Todo aquello que es lógico pedir a nuestros hijos
según las normas de convivencia comunes, los principios de una moral equilibrada, etc., debemos lograr
que nos lo den, aunque en determinados contextos
tengamos que renunciar a nosotros mismos.

Ser padres eficaces exige muchas veces de la renuncia personal. Por eso, la paternidad (maternidad) es muy difícil y a la vez meritoria, es una función de sutileza.

Los límites, a veces, son necesarios, pero podríamos suavizar la terminología nombrándolo mejor con el concepto de organización y armonía en la convivencia de la familia. Llamamos poner límites a la actividad propia de organizar e interactuar que tienen los miembros de la familia.

Estos límites no reproducen un estado dictatorial dentro del territorio de la familia, sino el considerar los límites como la conjunción de tener en cuenta los intereses de los padres frente a los hijos y la de los hijos frente a los padres.

Creemos que el principio regulador de los comportamientos de los hijos en la familia debe partir de sus padres, porque ellos son los guías, los que tienen la experiencia propia de las personas adultas, los que tienen contenidos para guiar a sus hijos y a la vez son los máximos responsables en la educación.

Cuándo traumatizamos y cuándo educamos

La felicidad de su hijo no es un asunto de causas inmediatas y aleatorias. La felicidad o infelicidad es producto de un proceso continuo en el tiempo, de un modo de actuar en familia y de una manera de ser concreta.

No podemos pensar que dando cosas materiales a nuestra familia podamos con ello obtener y dar amor. El amor es una estructura básica, profunda, no comercializable como elemento de: «Te doy y me das», o algo así. No se puede trabajar el afecto de nuestros hijos como un chantaje por mi sentimiento de culpa, dándole caprichos y cosas, mimos excesivos. Esto destruye la base de la educación.

El amor no está reñido con las normas y las exigencias que debemos ejercitar educativamente con nuestros hijos. Poner los adecuados límites a la conducta del hijo es la piedra angular de la educación en la familia. Los hijos aprenden que las cosas tienen un límite y, por tanto, comienzan a aprender que la libertad se basa en límites.

Esos límites los enseñan los padres, los inculcan con relación a la vida cotidiana y sus exigencias. No podemos, en la educación de nuestros hijos, ya desde la tierna edad, eliminar por nuestra manera de vivir social y cultural esa tríada de la que venimos hablando: amor, normas y límites, cuya esencia es la base de toda libertad. Si nuestros hijos no perciben estas cosas difícilmente podrán ser en el futuro adultos libres, afectivos, sociables, respetuosos...

Para aquellos padres de excesiva dejación ni que decir tiene cuál es nuestra opinión al respecto. Los abandonos infantiles muy acusados, sin que se sustituyan por otras figuras afectivas, hacen que los hijos vivan traumas que no superan en sus vidas. La educación que proponemos desde la edad de la ternura debe ser una educación moderada, teñida de posibilidades: de aciertos y de errores, siempre experimentales, y con la base del amor y el respeto mutuo que los hijos deben vivir hacia sus padres y los padres hacia sus hijos.

Cuando no podamos estar mucho tiempo con nuestros hijos, el tiempo que estemos con ellos, lo teñiremos de calidad.

Calidad, pues, no es dar todo de modo burdo. Hay que dar todo sabiendo lo que se da y cómo se da, y en su base están las normas, los límites y el amor...

No al autoritarismo y no a la permisividad absoluta y total. Los padres deben atacar sus propias comodidades; educar no es fácil, no es cómodo e incluso puede ser incómodo, y a veces mucho.

Tampoco los padres pueden ser ignorantes, echarse la toalla sobre los ojos..., el mundo está lleno de información. Los padres deben aprender a serlo, deben eliminar la ignorancia que sobre sus hijos puedan tener. También deben buscar ayuda cuando lo que se experimenta es incapacidad. Estas referencias de las capacidades que deben adquirir los padres como tales no son neutras hacia sus hijos.

Lo que proyectemos sobre nuestros hijos formará en ellos estructuras de su personalidad. La violencia, la rebeldía, la inseguridad, la independencia... También el equilibrio, la seguridad, la alta autoestima, la motivación, el éxito son productos derivados del modo en que nosotros como padres somos con nuestros hijos.

Un ejercicio de afectividad

Lo más significativo de la familia es el universo de la afectividad. Quizá podamos entrenarnos en ella con un ejercicio, y antes, probablemente, debamos comenzar con una reflexión. Haga el siguiente ejercicio simbólico... Piense en su hijo, no importa la edad que tenga, y escriba su responsabilidad como padre.

«Desde los primeros meses el niño capta las formas de pensamientos o conductas de los padres, patrones de comportamiento que luego proyectará en la escuela.» (J. A. Gris.)

Si su hijo está en la edad de la ternura cójalo en su regazo y mírele a los ojos. Observe la grandiosidad de la ternura de su mirada. Sienta que está ante un universo de posibilidades. Estréchelo contra sus brazos y acarícielo. Su hijo depende de usted. Pero no sólo en un plano físico, sino en otro psicológico y social. Mientras disfruta con su hijo piense en su función de padre.

Si su hijo es adolescente o está en cualquier otra edad de la niñez comuníquese con él mientras practica alguna de sus responsabilidades como padre, luego perpetúe esa costumbre...

«El niño desea que su madre sea exclusivamente para él, y la existencia de hermanos ocasiona ineluctablemente, sean cuales fueren las circunstancias particulares, una rivalidad fundada en la experiencia de una frustración generadora de envidia.» (P. Cahn, citado por Ajuariaguerra.)

A veces tenemos que calibrar como padres nuestro propio estrés. Otras, nuestras pocas ganas de continuar. Las molestias de la vida cotidiana, los enfados... Mire de nuevo a su hijo en la edad de la ternura, en la niñez o en la adolescencia... Usted está logrando hacer llegar al mundo una gran persona...

«Las envidias fraternas son mucho más importantes cuando la madre está excesivamente pendiente que cuando es despreocupada.»

En la cotidianidad de la vida familiar está la clave del éxito educativo. No se puede dar todo o no dar nada. Ser inflexible o ser flexible hasta un grado inconmensurable. Hiperproteger (excesiva preocupación por el hijo a quien cuidamos sin límites) o no mostrar ningún interés. Desde muy pequeños los niños están condicionados por el propio modo de ser de los padres. Y, ¡ay de ti...! Puedes hacerlo caprichoso, egoísta, agresivo, antisocial... O equilibrado, independiente, autónomo, solidario... Puedes llegar a las medias tintas entre uno u otro extremo...

Nuestro hijo, en parte, es aquello que nosotros proyectamos sobre él. Más es lo que le damos a través del ambiente que lo que le viene dado por su dotación biológica. Ésta pudiéramos decir que espera lo ambiental para dar expresión terminada a la persona.

«Cuando el niño encuentra su puesto dentro de la familia mira a su hermano y hermana de otro modo.»

La reflexión que le proponemos no es nada fácil. ¿Quién es usted para su hijo...?

Siete reglas de oro.—Todos los niños necesitan saber que sus padres les quieren... También deben aprender que no pueden hacer todo lo que se les antoje:

1. Demostrar amor.
2. Establecer reglas claras.
3. Ser consecuentes y flexibles.
4. Fijarse más en lo positivo que en lo negativo.
5. No a los «noes».
6. Castigo sin pasarse.
7. Más vale prevenir... ¿Mimos? Sí, todos los que hagan falta. Pero también un recinto protector con reglas y límites.

Padres hoy

Quizá debiera escribir una reflexión que valga para su vida diaria en su función de la madre o del padre que es. Todo puede comenzar con un buen pensamiento, que anima a la actitud, y éste a un comportamiento mejorable.

Paternidad y Educación

Carta de un hijo a todos los padres del mundo:

«No me des todo lo que te pido. A veces te pido sólo para ver hasta cuánto puedo coger... No me grites. Te respeto menos cuando lo haces, y me enseñas a mí también, y yo no quiero hacerlo... No me des siempre órdenes. Si en vez de órdenes a veces me pidieras las cosas yo lo haría más rápido y con más gusto... Cumple las promesas, buenas o malas. Si me prometes un premio, dámelo, pero también si es castigo... No me compares con nadie, especialmente con mi hermano o hermana. Si tú me haces lucir mejor que los demás, alguien va a sufrir, y si me haces lucir peor que a los demás, seré yo quien sufra... No cambies de opinión tan a menudo sobre lo que debo hacer, decide y mantén esa decisión. Déjame valerme por mí mismo. Si tú haces todo por mí, yo nunca podré aprender... No digas mentiras delante de mí, ni me pidas que las diga por ti, aunque sea para sacarte de un apuro. Me haces sentir mal y perder la fe en lo que me dices. Cuando haga algo malo no me exijas que te diga por qué lo hice. A veces ni yo mismo lo sé... Cuando estás equivocado en algo, admítelo y crecerá la opinión que yo tengo de ti y me enseñarás a admitir mis equivocaciones también... Trátame con la misma cordialidad y amabilidad con que tratas a tus amigos; porque seamos familia, eso no quiere decir que no podamos ser amigos también... No me digas que haga una cosa si tú no la haces. Yo aprenderé y seré siempre lo que tú hagas aunque no lo digas. Pero nunca haré lo que tú digas y no hagas... Y quiéreme y dímelo. A mí me gusta oírtelo decir, aunque tú no creas necesario decírmelo.»

La separación de los padres

«La separación de los padres no es en sí un problema, el problema se genera en las implicaciones emocionales que afectan a todos los miembros del grupo familiar... La separación no es un problema únicamente entre adultos... La pareja puede separarse como tal y no hacerlo como padres... El niño es protagonista involuntario.»

Dr. Castell

Un compromiso comienza con una buena idea. Una reflexión condiciona el propio hacer en el día a día. Es precisamente ese día a día el que construye a su hijo, o en el peor de los casos le destruye. Le deja en una medianía o lo impulsa hacia el progreso. Las relaciones de familia; las relaciones de pareja; la pareja como padres; los demás hermanos; la situación del hogar; el trabajo; las ansiedades; las actitudes internas y los pensamientos; los comportamientos; mi cansancio; la tristeza o la alegría, están influyendo en nuestro hijo.

¿Cómo es mi familia?

¿Cómo se estructura su familia? El modelo de familia que usted viva repercute en su hijo. Las formas familiares son muchas y muy variadas en nuestra sociedad. Las crisis de familia deben ser solucionadas.

Lo que soluciona cualquier crisis de familia, como si de una varita mágica se tratara, es la comunicación humana entre los miembros de la familia.

Existen multitud de modos de comunicar los estados de ánimo de la familia. Ningún miembro de la familia es indiferente a los ambientes emotivos de familia. Ello repercute en los modos familiares.

Decálogo para los padres:

1. Respetar al niño.
2. Hacerse respetar por él.
3. Mantenlo alejado de la televisión y los vídeos.
4. No empujar a ser competitivo.
5. Pensar menos en su carrera, más en él
6. Atención a su dieta: la grasa no es bella.
7. Aprender a escuchar sus necesidades emotivas.
8. No humillar jamás
9. Recordar que él observa: el ejemplo que se da es fundamental.
10. No ahorrar en amor

Dr. Spock

Sobreproteger no es bueno

Si usted como padre sobreprotege a su hijo, esto no deja de ser una expresión de conducta, una actitud que usted tiene en su interior. Detrás de su conducta de sobreprotección pueden existir multitud de cuestiones personales. Todo eso repercute sobre su hijo.

La sobreprotección de los hijos es el mal de nuestro tiempo. Sobreprotegemos porque queremos evitar los daños del entorno social. Quizá lo percibamos como peligroso y competitivo...

Pero no podemos ni debemos aislar a nuestro hijo, crecería en una ficción del mundo. Las actitudes que los padres adoptan hacia sus hijos modelan la personalidad y la vivencia básica de los niños.

Las actitudes que los padres adoptan hacia sus hijos modelan la personalidad y la vivencia básica de los niños. Y lo crea o no, una actitud inadecuada puede darse ya desde el momento mismo del nacimiento.

Si se mantiene dicha actitud, los daños pueden ser grandes. Reciba aquí una pauta práctica: ¡No sobreproteja a su hijo! ¡Quiéralo! ¡Ámelo...!, pero no intente crearle una bonita campana de cristal en la que encerrarlo.

Desde la tierna edad podemos ya hacer que nuestro hijo dependa demasiado de nosotros, y eso nunca es bueno. Hay que estimular la autonomía personal desde que nacen. Respetarlos en su propio ser para generar en ellos seguridad.

No le decimos: «No dé satisfacción a las necesidades de su hijo.» Sí le aconsejamos: «Aprenda a captar esas necesidades y darles una respuesta adecuada.» No sea usted permisivo ni rígido en extremo.

No sería usted un padre o una madre excepcional si llega a sobreproteger a su hijo. Se asombraría al saber la cantidad de cosas que los padres tienen en común.

En principio nos une un modo de vivir; el trabajo; las ansiedades, los problemas sociales, políticos y personales... Todo lo que somos y lo que son los otros...

Nuestro modo de vivir diario condiciona la dinámica de la familia. Condiciona la educación de nuestros hijos y su propio desarrollo. Todo depende del tiempo que estemos con nuestro hijo, el modo en que usemos ese tiempo en términos de calidad. Si nuestro estado es positivo o negativo. Si trabajamos mucho o poco, o nada. Son factores que condicionan. El estado de la pareja. La división de funciones...

Lo ambiental repercute sobre los modos de ser de la familia. No podemos entender que todo esto no influya de alguna manera sobre nuestro hijo.

Viva esta reflexión propuesta en la comodidad de su cotidiano sofá mientra lee este libro. Estreche a su hijo entre sus brazos (si es pequeño), y mientras expresa su ternura, medite en estas cosas: sobre la realidad que usted vive día a día. Nada es indiferente para su hijo. No se abrume. No se llene de ansiedad. Potencie a su hijo. Sea un guía, simplemente, aunque debe estar convenientemente preparado para esa función.

Principios básicos en la familia

Vamos a desarrollar unos principios fundamentales de familia en relación al momento actual social y cultural, porque esta referencia determina, como ya hemos dicho, el contexto donde se desarrollará su hijo. Es decir, que su situación actual, en su cultura y en su sociedad, está influyendo en gran medida sobre lo que usted hace con su hijo.

Está demostrado que debe existir un equilibrio moderado entre dos personas esenciales en el medio familiar: el padre y la madre. El modo de ser padre y madre está también, como la familia en su conjunto, en perpetuo cambio. Lo más importante entre dos padres en relación a los hijos es que éstos actúen de modo coherente.

La incoherencia frente a los hijos

Todo comenzó cuando unos padres se sentaron frente a mí y, con gran preocupación, me dijeron que su hija de nueve años se negaba en redondo a ir al colegio: vomitaba, lloraba... Parece que la llevaron al pediatra y éste le recomendó un psicólogo al no observar nada físico en la niña.

Después de contarme esto les pregunté a los padres lo que ellos hacían cuando la niña manifestaba estos síntomas.

Me contaron que, después del fin de semana, el domingo, la niña se ponía muy nerviosa si los padres le recordaban que tenía que ir al colegio al día siguiente.

El padre, incluso, le había llegado a decir alguna que otra vez, que no se preocupara, pues no iría al colegio, y al día siguiente la levantaba y la llevaba, con las lógicas protestas y llantos de la niña.

Esta muchacha era la mayor de dos hermanas, y a todas luces tenía los típicos celos que se establecen entre hermanos.

La hipótesis que en principio planteé era que ella llamaba la atención por causas afectivas (referidas a la hermana pequeña) y que como consecuencia todas sus conductas iban encaminadas a tener muy atentos a los padres (un objetivo infantil lógico por otro lado).

Les pregunté si la niña no se despertaba por la noche, y me contaron que sí, que le encantaba dormir con ellos.

La madre, frecuentemente, en cuanto la oía (por los terrores nocturnos) iba a su cama y estaba allí con ella hasta que retomaba el sueño. El padre se la llevaba a la cama del matrimonio. Aquí empecé a notar diversas opiniones entre ellos. En realidad, pude observar en aquellos padres la existencia de puntos de vista sobre la educación de sus hijos irreconciliables; de tal modo, que la niña los manejaba como consecuencia de las contradiciones existentes entre ellos...

Lo del colegio, los vómitos, las pesadillas (aunque fueran reales en su base), todo lo usaba para que sus padres, en sus diferencias, estuvieran centrados en darle atención (era una forma como otra cualquiera de obtener afecto); siendo esta necesidad de la niña algo típico (lo natural de los niños es intentar satisfacer sus deseos, mientras que la de los padres es la de controlarlos).

La niña usaba las grandes contradidicciones de las actitudes de los padres, frente a su comportamiento, en provecho propio.

Esto me fue evidenciado cuando les pregunté sobre cómo consideraban ellos que la niña evolucionaba con respecto a las tareas de aprendizaje:

—¡Por eso no paso! —dijo el padre—. ¡No consiento que mi hija utilice los dedos para hacer cálculo!

Y de repente, muy enfadada, dijo la madre:

—¿Cree usted que le borra lo que la niña hace en su cuaderno? Y ella llora y se opone...

—¡Claro, por eso no puedo pasar!: el cálculo debe hacerlo mentalmente, y no con los dedos —insistió el padre con cabezonería.

La madre volviendo al ataque:

—La niña llora porque dice que su profesora le pide que lo haga así.

Entonces intervine con un razonamiento hacia el padre:

—La verdad es que con el tiempo el cálculo debe lograrse de una manera mental; los profesores lo van consiguiendo de modo gradual: cuando los niños se inician en el cálculo los dedos son un soporte que facilita la comprensión de esta actividad mental; luego, esta muleta, poco a poco, va desapareciendo.Sería bueno que junto a su profesora ustedes sacaran un criterio homogéneo para actuar.

Intervino de nuevo el padre diciendo que no, y junto a la madre se enzarzaron en una nueva discusión, sin que de ello sacaran nada en claro...

Poco a poco, se pusieron de manifiesto las diferencias de criterios en multitud de otras cuestiones de la vida cotidiana.

Por lo que vi con claridad, la falta de consenso en estos padres era la causa de la conducta de la hija en todos los sentidos. Les propuse, con respecto a la niña, no cambiar nada, pero ellos sí debían revisar sus diferentes actitudes, al menos en lo referente a sus propios hijos. Así vi con claridad que los hijos actúan, en parte, por el reflejo de sus padres.

Casos de padres separados

Era joven y muy bella, se sentó delante de mí apoyando su mano derecha en la barbilla y me dijo:

—¡Tengo un problema!

Esta mujer estaba separada de su ex marido en un matrimonio anterior. Esto le había acontecido hacía muchos años. En ese matrimonio había tenido una hija que ahora estaba próxima a la adolescencia.

Se había casado de nuevo, y era feliz con un hombre con el que tenía dos hijos más. El marido anterior nunca había intervenido, después de separarse, en la educación de su hija, pero ahora exigía su derecho: ver, atender y educar a su hija...

—Mi hija no quiere saber nada de su padre. Es para ella un hombre extraño: ¿qué hago?; ¿cómo le dejo ir con un hombre que aunque sea su padre biológico no ha visto sino en contadas ocasiones...?

Narraba esta mujer, muy preocupada, que nunca había existido relación entre ellos para considerar la función propia de los padres.

Le producía miedo que ahora interfiriese desorganizando la labor realizada con su hija durante tantos años. Realmente era su esposo actual quien había desarrollado el rol de padre con aquella niña...

En las separaciones es necesario entrar en una gran armonía en lo que respecta a las obligaciones de padre, otro tema es la divergencia en la relación de pareja.

El modo en que se diversifiquen los roles de familia conforma los principios educativos de la familia. Hay que tener claridad en los criterios, saber diferenciar las cosas: La función de padres y la función de pareja, por ejemplo, deben entenderse por separado. De tal modo que la función de padres es una responsabilidad para siempre y la de pareja se sujeta a otras leyes. Cuando los padres diferencian sus roles de pareja y de padres, si existiese un conflicto de pareja que les llevase al divorcio, por ejemplo, esto no repercutiría en su función de padres...

Circunstancias que modifican la familia

Cualquier evento circunstancial puede afectar a la familia de una manera radical (hemos visto en parte el tema del divorcio). La posición que ocupa un hijo en la familia no es neutra para la familia: la venida al mundo de un hijo supone establecer una nueva dinámica para la familia; hay hijos que rivalizan fraternalmente; las tareas cotidianas cambian; hay un nuevo reparto de funciones...

Nos deberíamos preguntar siempre ante los sucesos familiares cómo éstos influyen positiva o negativamente en la dinámica de la familia.

El primogénito

Se dice que el niño primogénito está más estimulado porque los padres lo estimulan más. No se trata de una cuestión de afecto, sino de lógica. Existe más tiempo exclusivo para dedicarle. Al ser el primero todo es más novedoso y nos dedicamos más a estimularlos, verificándose estadísticamente que los primogénitos son más inteligentes porque han recibido más estimulación.

Este es un motivo que justifica el porqué los padres deben prepararse para estimular de una manera ordenada a todos sus hijos, no importa la posición que ocupen, es decir, que la experiencia de haber sido padres con un primer hijo no influya a la hora de estimular al segundo para que generen brillantez y capacidad en el mismo grado.

Esto no se hace de modo intencionado, sino que parece que la experiencia de haber sido padre nos relaja en la actividad que generamos frente al segundo.

Si nos relajamos en cuestiones como la excesiva ansiedad ante el hijo, y otros aspectos negativos, eso está bien, pero sucede que también esa relajación llega en los aspectos positivos: estimular por más dedicación.

Por otro lado, la lógica nos dice que dos hijos no es igual que uno: hay que dividir el tiempo de dedicación, y el resultado evidente es lo que hemos comentado: menos tiempo exclusivo para el segundo... (según las estadísticas).

Recuerde

1. Su hijo adquirirá una serie de características psicológicas según su lugar de nacimiento.
2. Cuanto mejor sepa cómo influye nacer primero, segundo o tercero... mejor podrá trabajar en esas características para potenciarlas o inhibirlas.
3. Todos los miembros de la familia dejan sus huellas en el desarrollo y la maduración del niño nacido aquí y ahora, a lo largo del tiempo.

Los hijos en las otras posiciones

La personalidad del segundo hijo se genera en parte también en relación (o influenciado) al lugar que ocupa. Ya no es una novedad. Debe hacer méritos de alguna manera para llamar la atención. Debe mantener en equilibrio las tendencias del primogénito. Este contexto hace de él una persona con tendencia a la diplomacia, en cierta manera a la oposición, etc. Los esfuerzos parten más de su mismidad que generan rasgos de carácter.

Luego, la posición de los terceros hace que su personalidad esté frente a un núcleo social muy complejo donde ella, o él, aprenden multitud de riquezas de estímulo social.

La personalidad del más pequeño puede ser creativa y de gran independencia. De cualquier manera, si al más pequeño se le hiperprotege y no se le deja crecer de manera autónoma puede ser una persona inmadura.

Mire a cada uno de sus hijos según su edad: ¿qué lugar ocupa en la familia?; las actitudes de sus miembros hacia él no le son neutras. Procure hacer que sea estimulado tan convenientemente como lo fue el primogénito; que logre una autonomía como el segundo y una personalidad creativa e independiente como el benjamín de la casa.

(Del libro de Editorial DM *SER PADRES HOY,*
Consejos para la educación de los hijos.)

CAPÍTULO IV

CONOCER LA PSICOLOGÍA DEL HIJO ADOPTADO ADOLESCENTE

Venimos, pues, proponiendo implícitamente que se consideren dos partes en el tema de la adopción, la de conocer la psicología del adoptante y la del niño o adolescente adoptado. Antes se consideraban como requisitos principales los aspectos materiales de la familia que adoptaba; actualmente, ese requisito está ampliamente superado, y bien sabemos que en el certificado de idoneidad se persigue determinar otras dimensiones sociales y afectivas que beneficien al niño o adolescente adoptado. El motivo de la adopción es esencial para considerar el carácter psicológico y la calidad afectiva que se le puede brindar a ese hijo. Las motivaciones por las que una familia desea adoptar un hijo son muy variadas, y algunas son sencillamente inaceptables, mientras que otras son muy loables y merecedoras de elogios. Entre estas últimas recuerdo el caso de un peluquero de unos cincuenta años, cuya esposa tenía más o menos la misma edad; se planteaban adoptar un hijo en adopción internacional por la imposibilidad de hacerlo en España, y también se plan-

teaban que era muy difícil que fuera un bebe, así que su aspiración era conseguir un niño varón:

—Me gustaría que fuera un zagalote de unos ocho o nueve años que todavía te puedes hacer con él, traerlo a la peluquería, enseñarle este oficio y cuando me retirase, pues que se quedara con ella.

En la elección y las motivaciones entran en juego la elección de sexo, la edad y el fin que podemos darle al hijo adoptado. No es verdad que estas elucubraciones ideales se hagan también cuando la familia va a tener un hijo biológico. A uno le gustaría que fuera chico o chica, y también hay quien sueña con dejarles su legado familiar, etc. Hasta aquí todo esto es normal. Pero conviene saber que una cosa es lo que anticipamos con la mente y otra distinta lo que puede suceder en la realidad. Uno se podría preguntar si este peluquero llega a tener un hijo varón de esas edades, y en unos años no tiene ni el más remoto deseo de quedarse en una peluquería, y si además le da en el colegio problemas de conducta y es un poco problemático... Ni que decir tiene que cuando adoptamos un hijo podemos tener deseos y movernos por una motivación, pero debe prevalecer la responsabilidad, el deseo amplio de amar a esa persona y dar por ella todo lo que sea necesario, incluida la renuncia al ideal de hijo.

Esto nos va a dar las cualidades afectivas oportunas a vivir en familia entre hijos biológicos y adoptados con un rasero igual, y con unos principios nobles. En este sentido, sobre las motivaciones que nos pueden llevar a adoptar, en el libro *Adoptar un hijo hoy* se escribe con relación al tema de la esterilidad y la adopción:

«Muchas personas, ya formen parte de una pareja o sean solteras, deciden adoptar un niño. Cada vez es más habitual que los solicitantes tengan hijos propios, o bien que hayan resuelto no tenerlos y elijan la adopción como vía posible de paternidad/maternidad.

En cuanto a este último caso, se trata de un fenómeno nuevo que empieza a detectarse actualmente en las sociedades occidentales: hay parejas que renuncian voluntariamente a tener hijos biológicos. Hasta ahora era inaceptable imaginar una vida sin hijos porque la búsqueda de descendencia significaba, sobre todo, trascender y perpetuarse. Sin embargo, esta es una elección íntima, por lo que corresponde a cada cual, y por supuesto, en principio, no se puede sospechar de las motivaciones de estas personas.

Por su parte, la Administración tiene el deber de certificar que los solicitantes reúnen las aptitudes necesarias para la adopción. En los últimos meses, ha surgido en Cataluña una polémica en torno a la obligación de tener que justificar las razones de la esterilidad con un informe médico. Aunque a raíz del revuelo este requisito ha sido suspendido, los poderes públicos reconocen que seguirán valorando esta problemática en sus estudios psicosociales. Muchos profesionales y los propios interesados se quejaron de lo que consideraban una intromisión en la vida privada y una discriminación. Más adelante se detallarán los aspectos de este enfrentamiento, pero antes es preciso conocer con la ayuda de algunos testimonios lo que representa la esterilidad para los afectados.

La mayoría de los adoptantes son estériles, y por eso, después de muchos intentos infructuosos, deciden adoptar. Los solicitantes con hijos propios o, sobre todo, los que no desean un embarazo biológico, tienen otras razones, como el gesto humanitario o religioso, y la convicción de que deben ayudar a los niños del mundo. En todos los casos, la Administración ha de averiguar si detrás de las más puras convicciones se esconden patologías depresivas o psicóticas. La negación del embarazo o la esterilidad obligan a un trabajo psicológico que permita entender exactamente lo que significa la adopción, es decir, renunciar, como se describirá más adelante, a un hijo biológico.

El sufrimiento que representa la esterilidad se puede vislumbrar escuchando a quienes la padecen. «El mundo está hecho para los que tienen hijos —explica Nuria—, y las personas que no han conseguido una maternidad biológica se sienten aisladas. En este mundo, tenemos necesidad de tener hijos para existir.» Y otra persona añade: «Lo inaguantable es la mirada de los demás que no entienden por qué no tenemos hijos. La presión social se hace insoportable y provoca nuestra culpabilidad.» «*A priori* —dice Mario—, una pareja tiene el deber de tener niños, y por eso sufría por mis fracasos y me sentía subnormal.» María subraya: «Considero que soy culpable, que Dios me ha castigado por algo, pero lo peor es que ignoro el porqué. No acepto no tener hijos.» Todas las parejas estériles describen la terrible prueba de los tratamientos de reproducción asistida, que se viven alternativamente como periodos de esperanza y de desesperación.

Prácticamente en todos los casos, la negación de la naturaleza se soporta en soledad. Muchas personas explican que esta prueba ha reforzado los lazos de unión entre los miembros de la pareja; en cambio, otros se distancian. La infecundidad puede acabar con la vida sexual de la pareja si ésta se niega a admitir el hecho de que sus relaciones íntimas no tienen una finalidad reproductiva.

La esterilidad es un drama personal que deja heridas profundas. A lo largo de la historia, pueden rastrearse experiencias de un valor indiscutible en cuanto a la sensación de frustración y fracaso personal que la esterilidad comporta; en este sentido, ciertos pasajes de textos religiosos y mitológicos enseñan que el deseo de paternidad/maternidad es, sin duda, el sentimiento más antiguo del mundo.

Recuerdo el caso de una adolescente de unos 13 años, una niña bellísima con una empatía singular. Sus padres eran dos personas adultas de una cierta edad. Aquella chica se había educado en aquel medio familiar haciendo prácticamente todo lo que ella deseaba. Era una niña mimada y consentida. Manejaba a los padres a su antojo. Con el tiempo, sus hábitos de estudio se resentían, siempre deseaba salir con sus amigos y venía más bien tarde a casa. Su rendimiento académico era bajo, y todo el mundo trataba de ayudarla y darle consejo. Su personalidad era de absorber toda la atención posible. Era feliz cuando todo el mundo andaba detrás de ella. Le gustaban los chicos y solía tener «novios» de quita y pon con bastante frecuencia.

Uno podría comenzar a pensar que su carácter fuera heredado de sus padres biológicos y que sus tendencias más innatas pudieran ser la base de su conducta. Pero no es así, cuando uno analiza la parte correspondiente al influjo que ejercen los padres observamos con claridad nuevamente que si no educamos con unos ciertos parámetros adecuados nos encontremos con que nuestros hijos se resienten. Por tanto, el hecho de que un hijo sea o no adoptado no influye de un modo determinante. En el caso que describimos lo que determina la conducta de la niña es el modo en que la han educado a lo largo del tiempo los padres adoptivos.

Volvemos a decir que el origen y tipo de influjo que recibieron los niños mientras estuvieron con sus padres biológicos o en cualquier otro medio y circunstancia influye en la formación de la personalidad, y nadie discute que si el influjo fue masivo y muy traumático esto fije unos desequilibrios en la personalidad. También hasta qué edad recibió ese influjo, pero luego nosotros, como padres adoptivos, influimos igualmente.

Cuando los niños procedan de ambientes y climas muy traumáticos, y si además éstos se dieron durante mucho tiempo, el consejo principal es que se pongan en manos de profesionales que puedan ayudar a los padres adoptivos a educar a sus hijos adoptados. No hay que renunciar a ser aconsejados por especialistas. En otro caso, si nos dejamos guiar por nuestros principios es posible que nos podamos confundir. Y esos padres que creen que ellos lo saben todo, existen, y también es frecuente que se den grandes batacazos, pero eso no es necesario verlo sólo en padres que adoptan, se da con frecuencia entre padres con hijos biológicos.

El deseo por lo que adoptamos es el primer motor que nos mueve hacia la adopción, pero ¡ojo! Si es necesario que cambiemos deberíamos estar dispuestos a hacerlo, pues repito que la mayoría de las veces una cosa es el deseo y otra la realidad. Ajuariaguerra comenta lo que dice J. Noel en este sentido:

«... la validez del deseo de adopción, la unidad de la pareja, su capacidad educativa, la relación de cada candidato con padre, madre y suegro, para evitar el riesgo del hijo distracción, hijo salvavidas, hijo colocación y la atracción neurótica por los hijos deficientes, por ejemplo».

Es evidente que tras la adopción puede haber muchas intenciones egoístas, detrás de las que se esconden pequeñas miserias y traumas no totalmente evidentes para uno. Por eso debemos dejar que nuestras intenciones sean analizadas.

Existen matrimonios estériles que desean cumplir por esta vía su deseo natural de tener hijos, y si esta situación no es engañosa y no enmascara dificultades psicológicas de otra índole, adoptar un hijo es bueno para ambas partes, puede equilibrar. Otras cosa es que ese deseo sea engañoso y luego se perciba tener un hijo adoptado en un sentido negativo. Hay otras circunstancias como el tener un hijo adoptado como vía de sustituir a otro ya fallecido; puede en estos casos frente al hijo adoptado moverse bajo oscuros deseos que no beneficiarán el desarrollo normal de la personalidad del hijo adoptado, que no es alguien que deba ocupar ningún sitio de nadie. El hijo adoptado puede que colme un deseo, pero en absoluto puede ser un instrumento para satisfacernos. Debemos adoptar a un hijo por amor de entrega al otro, por el amor que debemos a una personalidad que es ella misma, que es persona individual y total. Por eso es tan importante analizar con lupa los deseos de los padres que adoptan hijos, en otro caso se cometerían graves errores. Los hijos adoptados nunca deben servir a ningún fin previamente orquestado. Son personas con unas posibilidades tan ilimitadas, tan libres y capaces de auto-orientación como lo hemos sido y somos muchas personas libre y autónomas. Este es el fin de cualquier hijo adoptado en un país como el nuestro, el de educarlos y proporcionarles una vida plena en todos los sentidos. Hay que detectar, pues, los deseos «patológicos» de las personas que adoptan para decirles:

—No, esa no puede ser la vocación de un padre adoptivo, y por tanto la adopción no es concedida.

En este sentido, pensar que también hay muchos padres biológicos que no debieran serlo, y así es, hay muchos más de aquellos que se les declara socialmente como incompetentes, pero este es otro problema.

Cuando se es idóneo para tener un hijo adoptivo, se es idóneo también para dar una orientación, una educación apropiada. Esto no quiere decir que no se vayan a tener problemas, en absoluto. Escribe Ajua-riaguerra:

«Para J. de Moragas es fundamental que el motivo de adopción sea el deseo de amar y no el de ser amado. En realidad, lo más deseable es el intercambio.

W. Spiel piensa, como la mayoría de los autores, que la interrelación del niño y de sus padres adoptivos es la base del éxito o del fracaso; prevé, entre otros, el riesgo de reacción neurótica ante la incertidumbre relativa al origen del niño.

Según C. L. Launay y M. Soulé, la edad más adecuada de los adoptantes se sitúa entre los 30 y 35 años. La situación más deseable es la de una pareja casada; los viudos o divorciados son a menudo excelentes padres adoptivos con la reserva de un perfecto equilibrio afectivo. Algunos autores consideran que se deben descartar, por regla general, las mujeres jóvenes solteras, ya que la adopción suele ser neurótica y relacionada con cierto temor a la maternidad o a las relaciones sexuales. Otros consideran ser malas motivaciones: el interés, el llenar un vacío para personas que hasta entonces han vivido con egoísmo, la adopción considerada como terapéutica para algunos neuróticos, las tendencias caritativas de orden neurótico...

Cuando los padres adoptivos quieren fundar una familia numerosa, tienen la ventaja de poder adoptar hijos de edad escalonada, como en una familia natural.»

La verdad es que los motivos que mueven a los padres hacia la adopción son múltiples y muy variados, y no creemos desde aquí seriamente que una madre soltera no sea la mejor madre del mundo para un hijo adoptado, lo que sí es interesante siempre que los deseos deben ser analizados por los especialistas por si pudieran existir tendencias patológicas que luego afectaran al niño adoptado.

Otro de los asuntos importantes es que tenemos derecho a saber todo tipo de circunstancias que obran sobre los niños u adolescentes que vamos adoptar. Me parece monstruoso un caso que más adelante describiremos por el que una mujer se trae a España a una adolescente con un perfil psicopático, que se pone de manifiesto cuando la adolescente intenta clavarle un cuchillo en el domicilio materno; en estas circunstancias se entera de que su hija adoptiva está enferma. Así pues, los padres deben exigir que se les informe de todas las circunstancias que rodean a la persona que adoptan. Se tiene derecho a tener ciertas garantías, o al menos una vez conocido cualquier tipo de eventualidad (enfermedadas físicas o psíquicas) así como los riesgos de cualquier tipo, aceptemos dichas circunstancias y poder obrar luego en consecuencia. En este sentido escribe Ajuariaguerra:

«Todos los padres adoptivos querrían tener seguridad en cuanto al normal desarrollo del hijo que escogen. Un examen pediátrico previo permite eliminar las enfermedades importantes y las congénitas. Una encuesta puede evidenciar la existencia de afecciones hereditarias en la familia de origen. En general, no hay motivos para pensar que los hijos ilegítimos tienen más posibilidades de estar tarados que los legítimos. Un gran número de autores han estudiado el problema de previsibilidad del desarrollo intelectual del niño (L. B. Costin, J. W. McFariane, Fradkin y D. Krugman); la mayoría piensan que es muy difícil prever durante los primeros meses de la vida del niño su desarrollo ulterior; algunos creen que no se puede pronosticar antes de los 4 ó 5 años, y además, que el desarrollo va íntimamente unido a los primeros cuidados y al ambiente afectivo en el que ha vivido o en los primeros meses de su vida. Por estas dos razones aparece cierta discordancia en la edad de los niños escogidos porque, si por una parte resulta más fácil ver el porvenir una vez desarrolladas sus funciones intelectuales (para algunos autores, hacia la edad de 4 ó 5 años), no debemos olvidar, por otra parte (y casi todos los autores coinciden en esto), que una hospitalización anterior o frecuentes cambios de padres nutricios son pronósticos desfavorables para su desarrollo. Un gran número de autores están de acuerdo en que se lleve a cabo la adopción entre los 3 y 6 meses o, por lo menos. antes del año. A una edad temprana los modos de relación madre-hijo son más estrechos y el afecto creado por esta interrelación es una garantía de desarrollo normal. Cuando se trata de adoptar lactantes, no es aconsejable lo que se ha llamado período probatorio, y el emplazamiento provisional en una institución, si es inevitable, debe ser de corta duración. Los padres que adoptan deben saber que, al margen de malformaciones, enfermedades neurológicas, existencia de taras hereditarias, fácilmente perceptibles, existen riesgos durante el desarrollo de todo niño y deben asumirlos cuando adoptan a uno.»

Para L. Eisenberg, la búsqueda de lo perfecto en la adopción retrasa su acaecimiento; el pequeño incremento en la certidumbre no compensa el riesgo corrido mientras tanto.

Se ha planteado un problema particular relacionado con la adopción de niños minusválidos. Existe una diferencia entre el minusválido físico (retraso motor, malformación cardiaca, insuficiencia sensorial, etc.) y el minusválido mental. Estos últimos necesitan ser amados tanto o más que los otros, pero existen pocas parejas con aptitudes paternales suficientes para poder hacerse cargo de un deficiente de este tipo. Generalmente la deficiencia mental es la que peor se soporta. Actualmente, unos planes de estudio y exámenes permitirían eliminar cierto número de enfermedades metabólicas o degenerativas (véase capítulo sobre Retraso mental).

La adopción puede constituir un buen parto sin embarazo, con tal que sea una amalgama de acto gratuito y de donación en el único sentido de la aceptación. En el juego de ruleta que ofrece la vida se acepta la apuesta de la felicidad o de la desdicha que un niño puede reservar y se acepta el fruto de las entrañas de otra mujer. El que adopta debe afrontar su futuro como si el niño fuera el fruto de su propia fecundación.

Cuando adoptes hijos adolescentes ten en cuenta que la adolescencia es un período especial en el que hay una psicología que no está sujeta al propio origen y que debes conocer para no achacar al hijo adoptivo fenómenos que corresponde a la evolución normal. Te transcribimos algunas pautas desarrolladas en el libro de la Editorial DM titulado *Cómo hablar con los hijos (comunicación familiar):*

«No sabemos con exactitud en qué momento nuestros hijos adolescentes entran en el terreno de la personalidad "adulta": La adolescencia comienza hacia los 11 años y se prolonga más allá de los 20. En todo ese período de tiempo la personalidad de nuestro hijo-hija cambia. Precisamente el período que va desde los 16-17 años lo observamos con una cierta perspectiva de madurez adolescente que llama la atención tanto en el ambiente escolar como en el familiar.

Nos damos cuenta de que ya no estamos delante de una persona que no hace mucho era un niño, ni tampoco estamos en el tiempo de la agitada adolescencia de los primeros años (11 a 14), sino que nos encontramos en un momento del desarrollo que podemos calificar de cierto sosiego dentro del bullicioso mundo adolescente. Un sosiego que contrasta con las nuevas expectativas sociales que se abren delante de él o de ella, de cara a su futuro más cercano.

El cuerpo ha cambiado (maduración física y sexual): pubertad; la personalidad ha madurado: adolescencia, y ahora todo apunta hacia "cierta expectativa" de cambio de carácter social: juventud.

Estamos ante un joven que busca una ubicación más precisa en el mundo de los adultos. Y eso es lo que se siente cuando estamos con ellos en la familia.

En lo social: El mundo de las amistades comienza a guiarse por intereses muy concretos y personales (se tiene una identidad más definida). No estamos ya ante una persona con una postura "irracional" que podía aparecer entre ella y su familia —los adultos—, sino que todo resulta ahora más razonable. Se puede negociar y comunicar con ellos de una manera más adulta. Todo entra en un estilo de vida más sosegado, aunque esto no quiera decir que no puedan existir conflictos, discusiones o desavenencias. La mejor forma de solucionar los conflictos se logra a través de la comunicación.

Ya no es tanto la variabilidad de la personalidad la que preocupa a la familia y al propio joven, sino las expectativas que se abren frente al futuro más próximo... El temor, la ansiedad o la angustia que esto genera debe ser controlado... Es fácil que les cueste salir de su propia candidez. Se dejan guiar fácilmente con credulidad por las modas y los acontecimientos sociales que les desbordan, aunque sea verdad, como dice Monedero "... a los 16-17 años el joven trata de poner de acuerdo sus creencias con los acontecimientos científicos". Tratan de ser coherentes al contrastar las cosas, pero se siembran de dudas. Surge una inquietud casi metafísica, tratan de comprender todo y obtener una visión unitaria de las cosas. Por eso cuando llegan a una conclusión puede resultar duro hacerles cambiar de opinión, aunque esto es posible mediante la comunicación y el intercambio de ideas...»

«El comienzo de la adolescencia se asocia con la aparición de la pubertad, es decir, con la maduración física y sexual. El final de la adolescencia —juventud—, no viene marcado por la mayoría de edad legal, los 18 años, sino por la culminación del proceso de emancipación, y cada vez este proceso de emancipación se está prolongando más en el tiempo. Por ello, hablamos de un amplio rango de edades (11 a 20 años), por lo que se deben establecer subetapas. En el caso de los hijos nos situaríamos ahora en el período de la adolescencia temprana (11-14)... Es importante remarcar que no se debe considerar esta etapa como un "camino de unión entre la niñez y la edad adulta", sino que constituye un período con entidad propia y definida dentro del ciclo de la vida. El adolescente es una persona que utiliza selectivamente su anterior experiencia para resolver problemas nuevos...

La adolescencia es un período psicosociológico de la vida del ser humano que no adopta en todas las culturas el mismo patrón y en realidad sólo se explica este período atendiendo al contexto en que se desarrolla... Los cambios biológicos ocurren con la llegada de la pubertad, cuando el adolescente experimenta "un estirón": una aceleración seguida de una deceleración del crecimiento en la mayor parte de las dimensiones del esqueleto y en muchos órganos internos... Lo más importante de lo indicado anteriormente es el efecto que tales cambios tienen en la identidad. A raíz de estos cambios, el individuo se va a sentir en tierra de nadie; ya no es un niño, pero todavía no es un adulto; por ello fluctúa confuso entre los comportamientos propios del niño y del adulto. A esta confusión colabora también la actitud de la familia y de la sociedad.

En las chicas la "imagen corporal" está basada exclusivamente en la apariencia física y la sociedad presenta estereotipos de "imagen femenina modélica", provocando insatisfacción y sentimientos negativos hacia su cuerpo. Es labor de todos que esta insatisfacción de la "imagen corporal" no se extienda hacia su persona. En los chicos, la sociedad no ejerce presión sobre su imagen, es decir para que sean "guapos", pues la identidad masculina está basada en la afectividad corporal, habilidad en los deportes... Esto hace que los varones reciban bien la pubertad, ya que aumenta la fuerza, la altura, la habilidad... proporcionando prestigio entre su grupo de amigos...

En la adolescencia, los chicos y las chicas pasan a pertenecer a una categoría social que implica un conjunto de conductas diferenciadas tanto con respecto a la categoría social del niño como a la categoría social del adulto. Pero nuestro hijo/a a esta edad trata de adentrarse en el mundo "adulto", e irá afrontando situaciones que nunca antes ha conocido y ante las cuales no sabía responder, recurriendo entonces a la "imitación de modelos" que le parecen más apropiados en ese momento... Las interacciones sociales más relevantes son la familia y los amigos.

El padre y la madre son juzgados tanto personalmente como por la función de autoridad que representan. La trama de las relaciones entre padres e hijos gira sobre la cuestión de la independencia, que va a depender tanto de lo que hagan los hijos como de lo que hagan los padres.

Los estilos educativos de los padres (democráticos, autoritarios, etc.) y el tipo de disciplina que utiliza la familia va a determinar las relaciones familiares. Los estudios demuestran que las prácticas democráticas, que suponen explicaciones paternas de sus propias conductas, favorecen el aprendizaje por parte del adolescente sobre cómo asumir sus responsabilidades. Por el contrario, las prácticas autoritarias y permisivas generan en nuestros hijos una mayor dependencia y falta de confianza hacia sus padres, junto a casos de rebeldía manifiesta.

Otra fuente de conflictos que gira sobre lo anterior es la confrontación de intereses entre padres e hijos. Suelen estar provocados por la colaboración en las tareas domésticas, el horario de salida..., deteriorando la comunicación entre ellos. Pero estos conflictos, si se establece un clima de "diálogo y de pacto", se pueden llegar a estabilizar y disminuir porque ambas partes van flexibilizando progresivamente sus posiciones hasta lograr un nuevo ajuste del sistema familiar.

El proceso de separación y distanciamiento de los progenitores, imprescindible para conseguir una identidad personal, es paralelo al de la vinculación al grupo de iguales. A su vez este distanciamiento provoca incertidumbre y el adolescente necesita de alguien que le aporte patrones de comportamiento. Cualquier moda, ideología o grupo que le ofrezca líneas bien clarificadas, serán bien acogidos; pero en su afán de experimentar nuestro hijo/a fluctuará de una moda a otra, de un grupo a otro con gran facilidad. Es de gran importancia que estas características de nuestros chicos/as no supongan inconsistencia de la personalidad, sino búsqueda de consistencia, y que dicha búsqueda genere tensión emocional.

La función de la pandilla es de apoyo al adolescente debido a que dentro de él hay un ambiente de comprensión inmediata y de empatía pues comparte con personas a las que les está sucediendo lo mismo. En el grupo asegura la autoestima, expresa libremente sus sentimientos, sin críticas y encuentra un medio donde construir un "ideal compartido..."

El adolescente comienza a elaborar nuevas percepciones y definiciones de sí mismo, acompañadas por una reflexión más compleja sobre las otras personas y el mundo que le rodea. El miedo es una emoción que aparece frecuentemente..., a las relaciones sociales (conocer a gente, estar solo, hablar en clase...). El miedo en el orden social se puede presentar en forma de timidez... Muchos de nuestros hijos/as van a manifestar oscilaciones de humor, pasarán sin razón aparente de la alegría a la tristeza, de la exaltación al abatimiento. Debemos dejar pasar la situación con normalidad, pero posteriormente verbalizar con ellos/as que hemos sido conscientes de ese cambio brusco, pero sin dramatizar, ni atosigar, y no insistiendo en caso de que no quiera hablar de ello.

Las preocupaciones, aunque tengan menos intensidad que los miedos, a esta edad se van a caracterizar por una gran "dramatización", muchas veces de origen más imaginario que real, y van a girar sobre el mundo escolar: su aspecto físico, la popularidad entre sus compañeros...

Nuestros hijos están viviendo un momento único y esencial que requiere la atención y dedicación compartida de todas las personas que están implicadas en su desarrollo integral.»

Las bases de una buena comunicación con el otro están muchas veces en tener un conocimiento general y específico de la persona que tenemos delante de nosotros. La educación se desarrolla con más confiabilidad entre padres e hijos si los padres parten de un conocimiento sobre quiénes son sus hijos.

Como dice Carmen Torcal, los estilos educativos de los padres determinan las relaciones familiares, y por supuesto el tipo de comunicación que mantienen sus miembros entre sí. El talante democrático de los padres debe llevar necesariamente un sentido positivo y abierto hacia los hijos, y esto conlleva muchas de las características que los adolescentes reclaman de sus padres: confianza, comprensión, sinceridad.

Y estas son las características de una comunicación abierta en la responsabilidad y en la buena orientación paterna hacia los hijos. Los hijos se hacen a través de desarrollar con ellos los buenos criterios y el buen gusto en un continuo intercambio manteniéndose de modo equilibrado la autoridad y el respeto, al mismo tiempo que la apertura en libertad.

—La comunicación con los padres es que te escuchen y escuches —dice Pilar, de 14 años—, aunque cuando vas a pedirles que te dejen llegar más tarde no te escuchan y cuando te dicen que vayas a limpiar tu cuarto no les escuchas, y así siempre... En mi caso, puede que exista dificultad en la comunicación con ellos; yo cuando llego a mi casa del colegio, o de salir, les digo «¡hola!», pero nada más, no les cuento nada, y ellos no saben cómo me ha ido el día; tampoco ellos me dicen nada.

—Para mí comunicación entre padres e hijos es preguntar qué tal se ha pasado el día —dice María del Mar, de 13 años—. Contar los problemas que te han ocurrido. Acudir a nuestros padres cuando necesitamos su ayuda, sin miedo a ser regañados. Y ante todo contarles a los padres toda la verdad antes de que se enteren por otros medios.

Impide la comunicación con ellos el miedo a ser regañados cuando muchas veces se mete la pata. La comunicación es mejor cuando te interesas por la vida, los problemas, las alegrías... de la gente que te rodea. Yo creo que se debe confiar los unos en los otros, eso para empezar, y luego ser amigos si se puede.

—Lo que dificulta la comunicación, depende —dice Eduardo, de 14 años—, te vas a sentir cómodo cuando tengas confianza, e incómodo cuando no la tengas. Pero también te puedes sentir cómodo cuando hay un ambiente bueno en casa y entre las personas; e incómodo cuando hay discusiones o problemas, de los que a veces somos culpables o inocentes.

—Hacen difícil la comunicación —dice Leticia, de 14 años—, las discusiones de la comida; por ejemplo, que no quieres comer, porque no te gusta, o las discusiones del horario, porque si sales a dar una vuelta y tú quieres que te dejen hasta una hora, pero no te dejan. Los padres y los hijos pueden ser amigos, pero desde mi punto de vista no, porque a una amiga le puedes contar muchas cosas y sabes que no te va a regañar y que te va a comprender; sin embargo, los padres te pueden regañar.

—Yo pienso que es la vergüenza de no decir las cosas malas que te han sucedido —dice José Luis, de 13 años, sobre las causas de la incomunicación—. Yo pienso que se recupera la comunicación entre padres e hijos, perdonándose ambos de las peleas que halláis tenido, y siendo sinceros en las respuestas a sus preguntas.

—En mi casa hay mucha comunicación de padres e hijos —dice Juan José, de 14 años—. Siempre antes de tomar una decisión mis hermanos y yo se lo decimos a mis padres a ver qué opinan. Yo tengo buena comunicación con mis padres, pero creo que otras personas que no se comunican con sus padres puede que se les castigue por preguntarles algo. Creo que para tener y mantener la comunicación con los padres hay que confiar en ellos porque si no confías no va a haber comunicación.

—Algunos padres no toman a sus hijos en serio —dice Rosa, de 14 años—. Creo que habría más comunicación si padres e hijos pasaran más tiempo juntos, podrían comunicarse y conocerse mejor. Porque hay hijos que no conocen bien a sus padres y padres que no conocen bien a sus hijos.

— No hay ninguna receta para mejorar la comunicación —dice Alba, de 13 años—, es sólo que uno confíe en el otro y así le cuentas tus problemas. Si uno no confía no se puede «dar» nada para que lo haga. Se ha de tener confianza en la familia, pero hay gente que no la tiene y a la que no se la puede obligar a que la tenga.

—Para mí, dificulta la comunicación con los padres que tú pienses que puedes salir hasta una hora determinada y ellos vean que aún eres pequeño —dice Julián, de 14 años—, te cabreas y ellos también se cabrean.

—La falta de comunicación viene cuando los padres no se llevan bien y se divorcian, o entre los hermanos discutimos —dice Ana, de 14 años—; esta comunicación se dificulta cada vez más.

—Hay problemas de comunicación porque los padres no comprenden bien lo que queremos y muchas veces cuando vas a hablar con ellos te da miedo hablarles porque piensas que no te van a comprender —dice Noelia, de 14 años—, y muchas veces antes de intentarlo, para ver si te comprenden te echas atrás. Yo opino que ellos no nos comprenden en algunas cosas. Deberían aportar algo distinto de cómo son, y que comprendan que no son los mismos tiempos y que las cosas cambian, porque normalmente piensan y nos comparan con ellos cuando eran pequeños.

En estas opiniones parece como si muchos adolescentes clamaran por la necesidad de ser escuchados. Saber escuchar es una de las cualidades esenciales para poder recibir el mensaje del otro. La escucha con atención es la vía fundamental para poder entrar en el ámbito de la comprensión.

No es válida aquella escucha de quien simplemente oye pero no tiene en cuenta lo que se dice. La auténtica escucha es aquella que nos permite mediante la reflexión cambiar nuestras actitudes si es necesario hacerlo. La auténtica escucha tiene en cuenta al otro en su dimensión de persona.

Ya hemos dicho que en algunos sistemas terapéuticos como en el psicoanálisis la escucha del otro es fuente de «curación» mental. El psicoterapeuta escucha sin límites a su paciente, esta es una de las imágenes estereotipadas del psicoanálisis. Los padres deben escuchar a sus hijos y a través de esa escucha reflexionada tomar decisiones coherentes y educativas, pero siempre en el terreno de la comprensión y el intercambio de ideas en un clima de confianza.

La autoestima de nuestros hijos se hace a través de los mensajes que les envía el mundo que les rodea sobre quiénes y lo que son. Con el tiempo todos esos influjos llegan a formar parte de su personalidad. Es a través de la comunicación en la familia, principalmente la que proyectan los padres hacia sus hijos, como se forma la autoestima.

Si los padres envían mensajes negativos a sus hijos generarán en ellos una autoestima negativa; si sus mensajes son positivos ayudamos a que nuestro hijo tenga una autoestima positiva. No tenemos por qué, cuando corregimos, hacer que nuestro hijo se perciba como una persona inútil, pues eso le llevará a la idea de que no vale, de que no es capaz, de que no sirve (esa percepción, esa valoración negativa de sí mismos, es precisamente la autoestima negativa).

La baja autoestima es el motor de los fracasos escolares y de la desadaptación social. Podemos en este sentido llegar a corregir sin tener que destruir a nuestros hijos en la percepción que puedan tener de sí mismo: «Mira, esto no es así, pero yo creo que si lo intentas podrías lograrlo.»

Nuestro modo de dialogar con nuestros hijos, nuestro estilo de comunicación con ellos, a la larga, hace que tengan una percepción más o menos baja o alta de sí mismos y eso es su autoestima.

Muchos padres creen que por hacer evidente a su hijo sus defectos cambiará. Por eso muchos padres se obcecan en resaltar únicamente lo negativo hasta la saciedad en cuanto se comunican con sus hijos. Para corregir los defectos realmente deberíamos abordarlo de otra forma, por fases, y en la primera no tocaría los defectos sino las virtudes, reconociendo que nuestros hijos tienen virtudes, al mismo tiempo que abordamos la corrección, pero sin destruirle.

Esta empresa sutil y difícil es de pura cirugía psicológica. La comunicación positiva con nuestro hijo debe tender a reconocer que el otro es una persona con méritos propios; cuando abordamos en la comunicación el educar a nuestros hijos mediante dinámicas positivas es más fácil obtener de ellos esa confianza que parecen reclamar (al menos en las opiniones expuestas aquí por muchos adolescentes).

Cuando un hijo teme al castigo y por ese motivo se retrae de comunicarse con el padre, eso significa que no se ha logrado un clima de confianza oportuno, que probablemente en la comunicación diaria no se transmiten mensajes positivos. Podemos corregir, pero sin destrozar psicológicamente al otro.

Se consigue más de las personas cuando reconocemos sus propios méritos y se lo hacemos saber con sinceridad. Esto no significa que tengamos que adular de manera engañosa a nuestro hijo, aunque sí podemos animarle. No tenemos por qué renunciar a educar con la autoridad de un padre: un hijo y un padre deben entenderse.

En mi libro *La autoestima en los hijos (Autovaloración de uno mismo)* expreso sobre este tema ideas como las que siguen:

«La autoestima representa una condición de lo humano aprendida. Nuestros hijos la viven y con ella forman en su interior una valoración sobre sí mismos y sus capacidades. Frecuentemente aparece como un eco interno cuando se tiene cierta edad, o un diálogo interior. Cuando un niño o un adolescente se dice hacia dentro algo como: "No soy capaz"; "Soy algo tonto"; "Esto no es para mí"; "Todo lo que intento es inútil"; "Paso de todo"... Y además lo piensa con frecuencia, este hijo o hija está forjando una *baja autoestima*. Y seguro que está asimilando esa conclusión desde la convivencia más próxima de su entorno (familia y/o escuela). Le dicen de alguna manera: "No eres capaz"; "Eres algo tonto"; "Esto no es para ti". Estas situaciones generalizadas a millones de estímulos es lo que en la mente conforma la percepción interior de uno mismo, en este caso negativa...

—Hay que evitar que nuestros hijos o hijas adquieran esa forma de diálogo interior negativo, pues ello lleva el sello del fracaso y los problemas.

—La baja autoestima no surge por eventos circunstanciales; porque un día se dijo algo, nuestro hijo está triste; hubo una salida de tono, o cualquier otra cosa... La baja autoestima se genera cuando el ambiente personal y familiar de nuestros hijos está permanentemente "envenenado" desde la perspectiva psicológica. ¿Qué hacer? Debemos potenciar que el diálogo interno de nuestro hijo sea positivo... No se trata de que se generen ideas falsas, sobrevaloraciones inadecuadas, sino de activar aquellas cosas que animan y motivan a la acción. Deben decirse: "Soy capaz"; "Tengo que esforzarme y lo lograré"; "Nada es imposible si lo intento". Y que aquellos ambientes que le rodean le apoyen: "Eres capaz"; "Si te esfuerzas lo lograrás"; "Si una vez lo conseguiste, otra también"...

—Nunca sabremos cuántas veces con nuestras acciones, quizá con una simple palabra o una frase no demasiado larga, logremos aumentar la autoestima positiva de nuestros semejantes, o meterlos más hacia el oscuro fondo de la autoestima negativa... ¿cuántas cosas podemos hacer los unos por los otros con las palabras y los gestos...? Quizá deba decirle a su hijo: "Hijo, puedes hacerlo. Ten confianza en ti mismo."

—La motivación básica por la vida, el impulso de querer ser y prosperar como persona necesariamente se basa en una montaña de vivencias personales que hacen referencia a un medio ambiente externo y a otro interno de continua evaluación y revisión personal: "Soy quien soy porque tú me hiciste en parte así. Porque sentía que tú me vivías así. Porque me quisiste así. Y esa es la base de cómo me quiero a mí mismo y de cómo soy, de cómo funcionan mi afectividad y mi equilibrio interior..." El centro de la personalidad humana en desarrollo está en la comunicación y las relaciones humanas que mantienen los diversos miembros de la familia... Los problemas que van a tener nuestros hijos van a estar en relación directa con el tipo de comunicación que mantengamos en el seno de la familia, y de ella depende la autoestima de nuestros hijos y la nuestra propia... Debemos estar llenos de coherencia y de comprensión, pero también debemos guiar con normas a nuestros hijos. Nuestro modo de vivir es el modo en que nuestros hijos crecerán, se desarrollarán.

—Debemos alentar la confianza personal a través de la aceptación de uno mismo en las propias capacidades. Debemos proyectar nuestra confianza en los demás porque eso mueve la confianza del otro y se hace autoestima positiva. Debemos aceptar a nuestros hijos tal y como son para que ellos lo vivan, se sientan satisfechos de sí mismos y tengan un sentimiento de pertenencia al grupo familiar. Debemos respetar a nuestros hijos en sus diferencias personales y escucharlos en todo lo que dicen. Debemos ponernos en lugar del otro para poder captar aquello que vive, y esta es la mejor manera de fomentar la autoestima. Lo que incrementa la autoestima es la comprensión del otro.»

La comunicación entre los seres humanos tiene muchas claves. No es algo lineal, sino vivo y cambiante; pero se podrían localizar factores necesarios para que una buena comunicación pueda darse entre los seres humanos.

Claro que todo está en función de que las personas que interactúan logren conciliar sus intereses y sus actitudes para llegar a una cierta armonía en su interacción. La comunicación básicamente es un intercambio entre las personas; el problema surge cuando en la familia los padres y los hijos ven las cosas de modo diferente, las expresan y las interpretan también de modo distinto.

Para que exista una cierta armonía en la comunicación los padres y los hijos deben sintonizar todas esas cosas, y eso es posible solamente bajo la premisa de la comprensión. Una y otra parte deben intentar comprender lo que se trata de comunicar del uno a otro. Pero nos parece lógico que sean los padres (por su experiencia) los que deberían tratar de establecer un clima de diálogo permanente para llegar a armonizar todos los intereses y las actitudes que pueden ir apareciendo a lo largo de la vida familiar entre sus miembros.

El estilo personal que tengamos al comunicarnos con los demás favorecerá ésta o creará barreras en la comunicación. La confusión y la contradicción en los mensajes que los padres y los hijos pueden mandarse a través de la comunicación generan barreras. Por eso es necesario controlar por ambas partes las cosas que decimos y también cómo las decimos; pensar que aquello que no se dice puede darse por supuesto, y en ese caso puede existir una mala interpretación, lo cual puede generar barreras entre padres e hijos.

Bennis estudió cómo en la comunicación humana existen muchas ambigüedades que denominó «arco de distorsión»; es decir, a veces comunicamos o transmitimos cosas que no queríamos, o que son contrarias a las que se querían transmitir. En el medio familiar es muy fácil que esto ocurra ya que el nivel de espontaneidad y de afectividad de las relaciones entre sus miembros es muy alta. Muchas veces son las maneras y las formas de decir las cosas las que están diciendo al otro algo y no tanto el contenido de las palabras en sí mismo, y de forma contradictoria.

Esto puede ocurrir cuando los intereses de los padres y de los hijos se contraponen entre sí. En esta forma de comunicación es sencillo que la expresividad no verbal (lenguaje de los gestos) se contraponga a la de las palabras. Puede suceder que le digamos a nuestros hijos con palabras lo abiertos y flexibles que somos como padres con ellos cuando no les escuchamos, y les contradecimos en todo lo que nos dicen, o no les tomamos en serio.

Todas estas cosas pueden ocurrir sin que le demos demasiada importancia; por un lado, enviamos unos mensajes verbales y por otra podemos contradecir con los hechos aquello que decimos. En este sentido el nivel de incomprensión crea esas barreras odiosas en el diálogo entre padres e hijos.

—La comunicación entre padres e hijos —dice Teresa, de 14 años—, desde mi punto de vista, es que nosotros los hijos toda la vida hemos estado haciendo lo que nos dicen nuestros padres como «no salgas con chicos, no fumes, no bebas, ven pronto a casa, diez minutos tarde y mañana no sales», y así todo el tiempo hasta que te cansas y los mandas a la *mierda*... En mi familia siempre se ha pensado que los chicos son más responsables que las chicas: ¿por qué?, yo no lo entiendo, deberíamos tener el mismo derecho a salir hasta tarde. Yo creo que si nuestros padres respetaran nuestras opiniones nosotros respetaríamos las suyas, aunque en mi caso es imposible, pues mi madre nunca aceptará que tenga novio o que salga con él hasta tarde, ya que piensa que sigo siendo su pequeña, porque mis hermanos son mayores y yo *soy chica*, no lo olvidemos. Nos separa de nuestros padres que no nos escuchan y tampoco nos comprenden. A partir de lo dicho pienso hacer lo que me dé la gana, pues si ellos no me escuchan yo a ellos tampoco; estoy cansada de escuchar sus sermones y ellos no me escuchan a mí, es lo que me joroba.

Jesús Mesanza nos sugiere una serie de técnicas que favorecen la comunicación receptiva sobre el acto esencial de la escucha con atención:

«Oír sin anticipar juicios, no mostrar prisa ni impaciencia, no entrar en discusiones previas, valorar lo que nos dicen, preguntar lo que haga falta, interpretar sin juzgar, respetar la libertad del otro, ponerse en lugar del otro, no prejuzgar, dar confianza, procurar no interrumpir, tener mucha paciencia...»

Muchas veces existe básicamente un estado de tensión entre padres e hijos, que puede ser diluido si adoptamos nuevos comportamientos frente a nuestros hijos como los descritos anteriormente.

—A los chicos les dejan tener más libertad —dice Nerea, de 15 años—, yo pienso que si un chico le cuenta cosas a sus padres, no le dirán nada, mientras que si se las cuenta una chica sí. Tenemos miedo de contarles nuestros problemas porque no sabemos cómo van a actuar, por si nos castigan o no nos entienden.

CAPÍTULO V

DESDE LA PERSPECTIVA DEL HIJO ADOPTADO

Ver las cosas desde la perspectiva del hijo que adoptamos será la base de este capítulo. ¿Es verdad eso de que un hijo que adoptamos tiene más riesgo de padecer algún tipo de problemática psiquiátrica? ¿Hasta que punto el hijo adoptado tiene mayor riesgo de padecer alguna situación psicológica perturbadora? Ajuariaguerra escribe al respecto:

«La incidencia psiquiátrica en los niños adoptados parece no haber sido suficientemente estudiada. Según el estudio de 138 casos de situaciones difíciles durante la adopción, G. Heuyer, P. Desclaux y M. Teysseire destacan cierto número de trastornos neuropsiquiátricos: debilidad intelectual, inestabilidad, trastornos del carácter, etc., pero un estudio paralelo sobre el número total de niños inadaptados, examinados en la consulta, revela que solamente unos pocos son sujetos adoptados.

¿Cuál es el porvenir del niño adoptado?

La mayoría de los autores que han seguido longitudinalmente su evolución intelectual están de acuerdo en juzgar que se desarrollan normalmente (M. Skodak y H. M. Skeels) y que depende, a fin de cuentas, de la actitud de los padres adoptivos, de las solicitaciones culturales y del clima familiar en que el niño crece. En cuanto a su desarrollo psicosocial y afectivo, depende de múltiples factores, entre los que conviene destacar la actitud del padre adoptivo, a menudo perfeccionista en extremo y ansioso respecto a su porvenir, y también de la situación del mismo niño en su calidad de adoptado.

Según la revisión general establecida por J. J. Lawton y S. Z. Gross, es preciso admitir que los niños adoptados pueden tener problemas psicológicos, pero queda por demostrar que aparece en ellos una proporción significativa de perturbados. Destacan en su estudio trastornos emocionales que van desde la introversión extrema hasta cuestiones de dependencia manifiesta o de agresividad y turbulencia.»

Aquí se pone de manifiesto que los padres que adoptan a un hijo tienen alta responsabilidad, y no más ni menos que la que se puede tener con el hijo biológico. No hay una demostración clara de que el niño adoptado tenga un desequilibrio básico, o que no pueda superar sin secuelas su experiencia negativa anterior (si la tuvo). Cuando se presentan los problemas, como es natural que ocurra, la familia que adopta debe partir del principio de que las causas son múltiples y su casuística encontrarse en diversas fuentes, y cualquiera de los miembros familiares en la actualidad puede ser fuente de conflictos y problemas sin que exista nada que tenga que ver con el origen del niño adoptado. La actitud de los padres hacia el hijo adoptado es la fuente del desarrollo afectivo y social de este hijo, y eso debe quedar muy claro. Así pues, si somos hiperprotectores tendrá sus consecuencias; si somos ansiosos, también, o severos, o... Lo que influye en el hijo adoptado es lo que le rodea, es lo que le forma, es lo que le educa. En este sentido, la responsabilidad de la familia que adopta a un niño o un adolescente es realmente grande. No podemos luego tirar balones fuera, ni buscar oscuras causas. El hijo adoptado será lo que el ambiente que le rodea sea. Por eso es muy importante tener muy claro que adoptar un hijo es una gran responsabilidad que debe estar llena de entrega y amor, con la misma intensidad que está rodeado el hijo biológico; en este sentido la diferencia entre hijos es nula.

En cierta ocasión fui consultado por unos padres quienes querían saber si era oportuno dar información a su hijo adoptado sobre su procedencia y cómo podía afectarle saber toda la verdad respecto a sus circunstancias. Existía mucha inquietud por cómo le podría afectar y si era más conveniente informarle a una determinada edad en la que pudiera comprender todas las cosas.

En este sentido, la idea que tengo sobre la información que debemos dar a los hijos, siempre es la misma. No hay que contar mentiras, porque el niño se siente fuertemente engañado por el adulto cuando llega a descubrir la verdad. Pero tampoco tenemos que contar la verdad con crudeza o con un detalle que no es necesario. Hay padres que gustan rebasar la lógica

de sus hijos a la hora de contarles la verdad con detalle. Si lo que decimos no está al nivel del niño tenemos que dejarlo. Muchas veces se trata simplemente
de dar satisfacción a una demanda de información,
pero sin que la rebase.

Al hijo adoptado se le debe decir que es hijo adoptado, pero ¿cómo decírselo? Tiene que existir algo que
realmente justifique hablar de ello, o que venga a cuento por alguna situación. Si al contarle que es hijo y
adoptado y en el cómo lo decimos aportamos niveles
de ansiedad, inquietud, negativismo, etc., lo que trans-
ferimos no verbalmente al hijo adoptado es un cierto
negativismo sobre ser adoptado. Imaginemos que
los padres biológicos fueran drogadictos, y le hablamos al hijo adoptado principalmente de lo negativo
de esos padres y del peligro que él corría en esas circunstancias, estamos dando una información negativa y nefasta. Lo esencial no es decirle que es o no es
adoptado, sino cómo se lo digo, qué información le
transmito, eso sí es importante.

En este sentido, debemos abordar el tema con naturalidad; es decir, lo que yo le diga a mi hijo adoptado
se lo expresaré sin ansiedad, con tranquilidad, desde
una óptica positiva, explicando que ser hijo adoptado
es una circunstancia que cualquiera puede vivir, y que
es lo más natural del mundo. Hemos de evitar los juicios de valor negativo, exagerar situaciones traumá-
ticas. Debemos ver todo con naturalidad quitando dra-
matismo a las cosas. Lo esencial es resaltar el amor
que la familia en el presente se tiene, y que eso sí es
importante. A los niños no hay que darles informa-

ción excesiva, ni justificaciones de todo tipo, aunque no vengan a cuento. Hay que darles sólo las necesarias y las suficientes para satisfacer su curiosidad y que estén informados de la verdad, pero de una forma agradable, contada según las expectativas de su edad, con el mismo estilo narrativo que encaran otros asuntos de la vida.

El desequilibrio al informar de estas cosas no suele estar en el hijo adoptado, sino en las inquietudes y los temores de los padres, en este sentido es por lo que digo que hay que naturalizar las cosas. Escribe Ajuariaguerra sobre este asunto:

«En este aspecto se plantea el problema de la revelación de la adopción. C. Launay y M. Schalow piensan que resulta imposible imaginar que un niño pueda vivir toda su vida en la ignorancia de su condición de adoptado. Admiten que la revelación es generalmente fácil si el niño no ha alcanzado la pubertad y si encuentra en su familia adoptiva una seguridad semejante a la de un hijo de sangre en su propia familia. Las dificultades surgen en los casos en que no se ha consentido plenamente la adopción, en que la revelación se ha hecho a destiempo, y sobre todo cuando se lleva a cabo por otras personas que no sean los padres adoptivos. Para la mayoría de autores, el niño debe conocer su situación hacia la edad de 3 ó 4 años, es decir, antes de empezar la escuela. Algunos consideran también que a partir del momento en que el niño empieza a hacer preguntas sobre el origen de los bebés, es aconsejable empezar a emplear la palabra "adopción" y decirle que ha sido elegido. M. D. Schechter es uno de

109

los pocos que rebate lo acertado de la revelación entre los 3 y 6 años, por ser momento del apogeo del conflicto edipiano. El niño adoptado puede presentar en ese período dificultades de identificación, ansiedad respecto a la vuelta de los padres originales, miedo de ser abandonado por los padres adoptivos, factores que corren el riesgo de prolongar e impedir la resolución de conflicto edipiano. S. Tarachow menciona cierto número de casos de niños que han conocido tarde su condición de adoptados (justo antes de la pubertad) y que han manifestado su resentimiento y agresividad hacia los padres adoptivos, a los que después han abandonado. Otros autores han descrito las dificultades atravesadas por adolescentes en sujetos a quienes se ha revelado su condición durante el noviazgo o justo antes del matrimonio. J. J. Lawton y S. Z. Gross admiten con razón que la edad de la revelación no es el único problema. Es preciso saber también cómo responder a las preguntas que hará el niño y cómo describirle a sus padres naturales. La respuesta a esta última pregunta depende de la información que tienen los adoptantes. Lo que se puede decir acerca de los padres de sangre cuando se conoce su pasado es, para C. R. Collier y A. Campbell, no tanto una cuestión de terminología cuanto de actitudes y sentimientos comunicados al niño. Por otra parte, la necesidad que tiene el niño de información sobre sus padres naturales puede estar en función de la falta de identificación positiva con los padres adoptivos. Ciertos autores admiten que el niño debe aceptar el hecho de que sus padres reales le han rechazado; la aceptación de esta realidad le permite rechazarlos a su vez y liberarse para poder aceptar a otros padres más amantes. A medida que crezca, será necesario, según O. Flounoy, recordárselo de cuando en cuando en circunstancias favorables, para que pueda hallarse siempre en situación de comparar la realidad con su vida imaginaria. S. Freud ha mostrado, bajo la denominación de novela familiar, que todo niño, cuando se da cuenta de que sus padres no son tal como él se los había imaginado, llega a pensar que ha sido adoptado.

Así como en la época del complejo de Edipo, un niño puede imaginarse que un padre con el que rivaliza no es el suyo, ofreciéndose de esta forma la doble ventaja de dar una ambivalencia y de atenuar sus sentimientos de culpabilidad. Un gran número de autores citados por J.-J. Lawton y S. Z. Gross, han tratado este problema en el niño adoptado, y algunos de ellos admiten que cuando aparece entre los 8 y 12 años, adquiere más fuerza en los casos de adopción; otros consideran que la fantasía de "novela familiar" se acentúa cuando es la madre adoptiva. M. D. Schechter piensa que el hijo adoptado tiene más probabilidad de dividir la imagen de sus padres y de atribuir las cualidades a una y los defectos a la otra. Pero, según S. Freud, se supone que el niño no divide sus pensamientos entre dos parejas distintas de padres, sino que vuelve a la imagen de los padres que conocía anteriormente, es decir, a los mismos padres adoptivos, en la mayoría de los casos de niños adoptados. Ph. Greenacre admite que la cuestión se plantea en el terreno de la economía física. El niño adoptado vivirá en el mismo mundo imaginario que los demás, pero una considerable energía será debida a su preocupaciones relativas a la adopción.

Generalmente es durante la adolescencia o en un período posterior cuando el sujeto investiga acerca de sus padres naturales, frecuentemente idealizados, y puede imaginárselos de un estrato social superior.

Del conjunto de estos estudios se desprende que los problemas descritos acerca del hijo adoptado no dependen exclusivamente de él, sino también de sus padres adoptivos y de sus relaciones interpersonales; en otros términos, del hijo adoptado en una sociedad determinada».

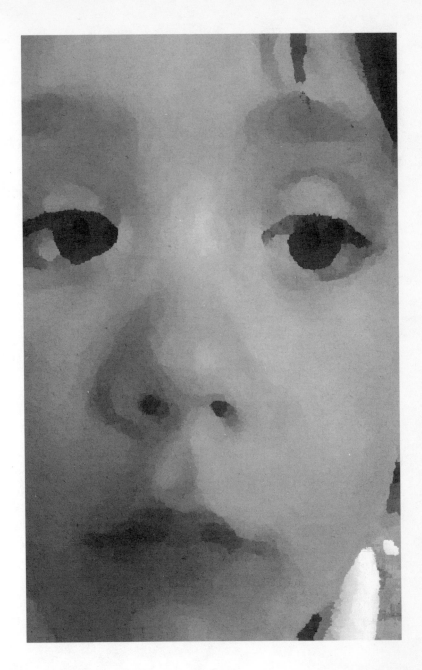

II PARTE

¿Cómo adoptarlos?

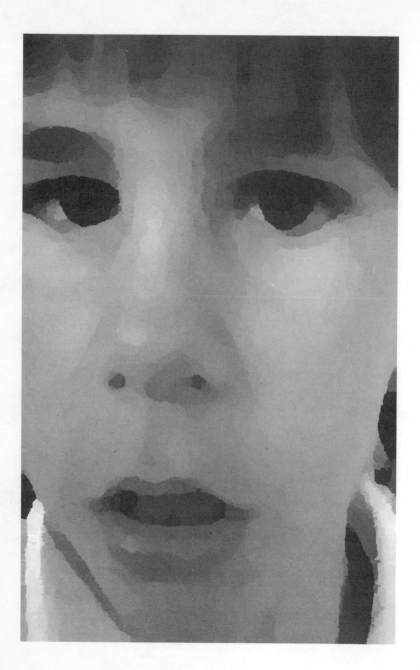

CAPÍTULO I

LA ADOPCIÓN

Las adopciones y los acogimientos familiares son competencia de las Comunidades Autónomas, y por tanto es en las instituciones creadas por cada Autonomía donde deberemos resolver todo lo relacionado con este tema.

Vamos a analizar como ejemplo lo que se hace en la Comunidad de Madrid (para otras Comunidades hay que investigar el desarrollo del acogimiento y la adopción dirigiéndose a los órganos competentes).

En Madrid se centró al principio en la Consejería de Educación, donde existía un Equipo Interdisciplinar, que pasó a la Consejería de Integración Social. Lo cierto es que esos Equipos Interdisciplinares existen en todas las Comunidades de una manera o de otra.

Desde 1992 existe un Instituto Madrileño de Atención a la Infancia (IMAIN) que pertenece a la Consejería de Integración Social, donde están todas las unidades y servicios de la Comunidad de Madrid relacionados con la atención y protección a la infancia. Los acogimientos y las adopciones son competencia de la Comisión de Tutela del Menor (CTM) y es donde se dirime todo lo relacionado con los menores susceptibles de acogimiento o adopción. (Dispone el Acogimiento familiar, promueve el Acogimiento judicial y promueve la Adopción.)

Los Equipos técnicos son la Unidad de Acogimiento Familiar y Adopciones y dependen del CTM. Estos Equipos son los que proponen, dan cuenta en sus investigaciones de las circunstancias de cada expediente de acogida o adopción, e informarán al CTM de todas sus conclusiones y será este organismo quién con todos esos datos determinen si un menor es sujeto de adopción o acogimiento, y en qué condiciones y manera, y también determina todo lo relacionado con las familias que adoptan o acogen, y desde el trabajo técnico de sus Equipos.

Todos los procedimientos y sistemas van periódicamente revisándose y adaptándose a las necesidades sociales (esto es al menos en la teoría, pues en la práctica existen carencias).

Actualmente existe la Unidad de Acogimiento Familiar y Adopciones con tres secciones distintas: Adopción Nacional, Adopción Internacional y Acogimientos Familiares, y los servicios se han diversificado.

Aunque no sea esta exactamente la fórmula de otras Comunidades hay mucha proximidad en los conceptos y las ideas.

Las Normas para adoptar

Hay que llenarse de paciencia para lograr el objetivo de conseguir una adopción, porque los procesos son lentos, la Administración tiene sus procedimientos, generalmente tardos, y más si pensamos que las familias que adoptan son gente con inquietud, con ganas de aumentar su familia mediante esta fórmula, por lo que muchas veces se acumula el deseo de acelerar todo lo que es tramitación burocrática. Pero precisamente chocamos con las instituciones, y ya sabemos, aunque actualmente no sea como en el pasado más o menos «remoto», en algún sentido es válida la fórmula del:

—«¡Venga usted mañana!»

Hay que:

1.   Solicitar por teléfono en la Comunidad Autónoma al órgano competente una entrevista. Siempre hay que solicitarlo al teléfono de los servicios de atención a la infancia. Nos darán una entrevista a las pocas semanas de pedirla; esta primera entrevista suele ser de información. Tendremos probablemente que enviar una carta dando explicaciones del porqué adoptamos; o sea, los motivos por los que deseamos adoptar, y ¡a esperar! hasta que nos den una cita (eso supone generalmente meses).

En la «primera toma de contacto» tratan de apreciar los aspectos gruesos de los motivos aducidos para adoptar y también avisan de las dificultades que supone todo el proceso (lo largo, lo poco probable que coincidan nuestras expectativas con lo que se nos ofrecerá, la dificultad de adoptar bebés y se recomienda la adopción de niños mayores y adolescentes, como más fáciles de lograr).

Se explican las situaciones de los niños enfermos y la prioridad y el sentido moral de dichas adopciones frente a los puros deseos a veces un tanto «egoístas» de adoptar a un hijo que sustituya al legítimo.

Por eso las familias que adoptan deben ser generosas, altruistas y luchadoras. No podemos guiarnos por el simple placer y gusto de ser padres, sino por lo que lleva esto de sacrificio, pues los más necesitados son los niños y adolescentes enfermos: sida, retrasos mentales, desórdenes conductuales, taras físicas, deficiencias sensoriales... ¡Adoptar niños sanos lo hace cualquiera con un mínimo de «instinto» filial! Pero es más difícil cuando se nos pide un sacrificio, una renuncia por encima de lo habitual.

Este tipo de adopciones son más rápidas en el tiempo, pues existen menos demandas de familias que estén dispuestas a tal sacrificio. Si aceptamos en nuestras familias a un niño o adolescente con problemas la adopción se acelera.

Es moral que estas cosas se digan y los más sensibles a querer adoptar lo sepan; por tanto, esta charla del primer contacto hay que aceptarla y reflexionar seriamente sobre ella. Hay mucho amor en la renuncia y la entrega, en el sacrificio y el trabajo.

Sin embargo, esta decisión no debe ser tomada a la ligera, hay que reflexionar, hay que estar seguros de lo que hacemos, hay que ser maduros en nuestras decisiones, y luego: ¡adelante y sin miedo! No debemos decir ¡sí!, para que luego en la realidad de la vida sea ¡no! Cada cual debe medir sus posibilidades, su fortaleza psicológica para afrontar seriamente la ayuda a seres tan necesitados, o simplemente la de ser unos padres responsables en todos los sentidos, sea cual sea el hijo que les corresponda. Realmente en este sentido es como cuando esperamos al hijo biológico: ¿Qué será? ¿Cómo será? ¿Qué será de él o de ella...?

Con esta entrevista se inicia el proceso de las próximas. Esa es la primera, luego tendremos muchas más con diversos profesionales...

Lo que nunca va a faltar es información de primera mano donde nos expliquen todo tipo de detalles y nos aclaren nuestras dudas; y esto en cada Comunidad se hará de forma diversa...

2. Los documentos iniciales suelen ser el certificado médico o el penal. Luego hay que pedir (solicitar) el certificado de idoneidad, que es obligatorio y lo suelen extender un psicólogo y un asistente social después de las entrevistas oportunas con estos profesionales.

Éstos suelen pertenecer a la Comunidad Autónoma, o bien a través del colegio profesional de psicólogos o asistentes sociales. Este informe psicológico y social se somete a las autoridades pertinentes de la Comunidad Autónoma, que son los que finalmente emiten el certificado de idoneidad.

Los datos sociales y psicológicos están encargados a especialistas (psicólogos y asistentes sociales generalmente). Ellos siguen unos procedimientos que son los habituales a las respectivas disciplinas. Usarán entrevistas de diagnóstico, test, cuestionarios, etc. El objetivo es sencillamente conocer todas las dimensiones personales y sociales dentro de la familia para reservar al máximo la dignidad del niño o el adolescente objeto de posible adopción. No hay que mirarlo como si nos quisieran analizar por analizar, sin que el objetivo posea una finalidad justa y oportuna al fin que se persigue.

Lo primero que se intenta conocer es la familia en su composición y estructura; datos como los económicos relacionados con el trabajo, y los contextuales como los sociales y culturales; también los de salud. Se debe hacer una indagación exhaustiva sobre los motivos que inducen a la adopción, las condiciones sobre cómo se realizará la adopción. Hay que estar dispuesto a dar la máxima información biográfica de la familia, y no hay que negarse a ello, pues es necesario prever en qué sitio y con qué tipo de personas se va a integrar el niño o el adolescente objeto de adopción. Todo este proceso tiene que ver con la obtención del certificado de idoneidad.

De cualquier modo, no hay que temer estas pruebas, pues tratan de evaluar los grados de normalidad, y si nuestra vida lo es, como generalmente suele suceder, nada hay que temer. Deberíamos tratar de imaginar que estas cosas son necesarias, pues si se diera el caso de que un niño llega a un ambiente desequilibrado en un sentido patológico: ¿qué bien social íbamos a aportar a ese niño o adolescente? Debemos reconocer que nunca viene mal la seguridad. Otro caso es que estas cosas sean serias, pues se conocen a veces casos extraños de profesionales «raros», principalmente cuando son funcionarios y el ejercicio de su profesión está remunerado por adelantado.

Lo digo porque sé de anécdotas que apuntan hacia la falta de seriedad y profesionalidad de algunos miembros de equipos de profesionales que evalúan a las posibles familias adoptantes y hacen y dicen muchas «chorradas» y «tonterías», pero bueno, esto no es lo habitual...

No hay que temer al estudio psicológico y social. Hay que encajarlo como parte del proceso. Este tema no tiene ningún ángulo peyorativo, sino que resulta algo natural si lo vemos desde la perspectiva de que la idoneidad es algo que debe demostrarse científicamente; no se pueden dejar las cosas al azar y hay que asegurarse, en beneficio y el interés del niño o adolescente adoptado.

Por otro lado, nuestra sociedad tiene un gran rechazo alrededor de los psicólogos, y no debería ser así. Los cuestionarios, los test, etc., son simples herramientas que estos profesionales usan para tratar de conocer un poco más objetivamente al ser humano. Puedo contar el caso de unos padres que llevaron a su hijo biológico a una guardería, y cuando les informaron de que existía allí un servicio psicológico, dijo la madre a la directora:

—¡A ésos, cuanto más lejos mejor...!

No sé con exactitud que significaba aquella respuesta, pero estaba claro de que iba cargada de mucha ignorancia y grandes prejuicios, y creo que eso no es justo. Es como si al llevar el coche a un taller pensáramos que el mecánico pudiera ser alguien malicioso que desea hacer algo en el coche y producirnos un accidente. Son ideas absurdas y estúpidas.

Por eso es evidente que estos estudios para comprobar si nuestra familia es idónea para adoptar no debería ser algo impuesto por la Aministración, sino que deberíamos solicitarlo nosotros. No tanto porque no nos creamos capaces o normales, sino para conocernos nosotros mismos un poco mejor y asegurar a los responsables de estos procesos que somos una familia más, tan idónea como cualquiera.

Así pues, la entrevista con profesionales como psicólogos y asistentes sociales hay que encararla sin ansiedades ni ideas persecutorias extrañas. Nadie es capaz de sacar de nosotros cosas que no sean evidentes, ni inventarse patologías que no existen. Hay que estar tranquilo. Poner frenos, criticar sin saber, oponerse porque sí... no son maneras ni actitudes.

Hay que aceptar que todo es parte de un proceso realmente importante y por tanto la familia que adopta debe estar muy mentalizada y madura en su decisión, y las personas y las instituciones que tienen la responsabilidad de dar el visto bueno tienen que estar seguros de que hacen lo mejor por el niño según datos objetivos.

Lo normal es aceptar el procedimiento; eso no quita que existan casos en los que la profesionalidad de la gente que nos atienda brille por su ausencia; se rumorean muchos casos y circunstancias, y ¡ya sabemos!, pero aun esas cuestiones deben entrar en nuestro cálculo e intentar que todo lo veamos como posible y seamos pacientes...

Las situaciones raras algunas veces las creamos nosotros y otras veces los otros... Es evidente que adoptar un hijo es tan importante que lógicamente surgirán aspectos emocionales diversos...

En cuanto a lo psicológico existen muchos tipos de test y de cuestionarios. Algunos se llaman de rasgos de carácter, otros se denominan como proyectivos, otros son llamados introyectivos. Pero no creo que sea este libro el mejor sitio para formular teorías de orden psicológico, sino ver en ellos simples herramientas que permiten a los profesionales tener una idea de quiénes somos desde el punto de vista del contexto psicológico personal y social, y si llevamos una vida normal: ¿por qué temer nada...?

El asistente social indaga, ¿y qué indaga?: Eso, nuestro contexto social, y nada mejor para conocer esa dimensión que si nos visitan en el hogar. Nuestro hogar mantiene la arqueología de quiénes somos. La disposición de las cosas, el lugar donde vivimos con todos sus trasuntos son datos fundamentales para saber dónde va a ir el niño o el adolescente adoptados.

Si nuestro hogar es un sitio común, sin «rarezas», ese es el mejor síntoma para obtener un certificado de idoneidad positivo...

En el libro *Adoptar un hijo hoy*, se cuenta la anécdota siguiente, muy expresiva en el sentido de lo que venimos contando:

«Una asistente social cuenta una anécdota que resultó clave para el rechazo de una familia: "La psicóloga me había advertido a propósito de esta pareja; temía que fuera paranoica y agresiva. Durante los contactos en el despacho de la psicóloga, su comportamiento había sido muy colérico y no entendían por qué no podían tener un bebé ¡ya! Cuando llegué a su casa, no me esperaba lo que vi. ¡Las paredes de la casa estaban llenas de crucifijos y había velas encendidas por todos lados!" Obviamente, extremos como éste no son lo habitual, pero en cualquier caso, con la visita a domicilio el asistente social puede conocer dónde y cómo viven los solicitantes. Hay un viejo refrán que dice "Dime con quién andas y te diré quién eres", y eso puede ser válido para la casa porque en muchas ocasiones refleja el carácter y la manera de ser.»

En este libro nos describen los puntos de interés que suele desarrollar el asistente social cuando nos visita en el hogar. El encuadre es una conversación aparentemente intrascendente pero que tiene una finalidad. Los puntos de indagación pueden ser:

— Los gustos que se tienen.
— Las relaciones sociales que se desarrollan en la vida corriente.
— Ingresos.
— Propiedades.
— Disponibilidad económica
— Condiciones de ambiente que tendrá el potencial hijo adoptado.
— La idea de educación que se tiene (colegio donde se llevará...).

El asistente social tiene la misión de ir indagando en el sitio todo lo que observa en relación a la familia adoptante. Y con todos los datos lo reflejará en un informe. También es un momento oportuno para que el asistente explique a la potencial familia receptora de una adopción todo lo que implica esta decisión.

Por otro lado, este puede ser un buen momento para saciar la curiosidad de la familia potencialmente adoptante para informarse más y mejor sobre todas las cosas que afectan a este proceso.

3. Con el certificado de idoneidad ya podemos hacer la solicitud formal de adopción, y sólo vale para una adopción.

4. Todos los documentos que nos pide la Administración tienen que estar autentificados y legalizados. Inscribimos la solicitud en el registro de espera:

— Fotocopia del DNI de cada solicitante

— Dos fotografías tipo carné de cada solicitante.

— En el caso de las parejas, certificado literal de matrimonio o certificado oficial de convivencia.

— Certificado de empadronamiento.

— Libro de familia de los solicitantes y páginas en las que figuran los hijos. (En Madrid, declaración jurada sobre la existencia o no de hijos propios o adoptivos.)

— Certificado literal de nacimiento de cada solicitante y de los hijos que no figuren en el libro de familia.

— Actas judiciales de separación, divorcio o nulidad del matrimonio, si procede (en Cataluña).

— Certificado de antecedentes penales de cada solicitante.

— Última declaración del impuesto sobre la renta de las personas físicas. (En Madrid, las declaraciones de renta y patrimonio de los tres últimos ejercicios económicos; en su defecto, certificado de haberes del mismo periodo y relación documentada de bienes patrimoniales.)

— Documentación acreditada de ingresos.

— Informe médico sobre los antecedentes de los solicitantes y el estado actual de salud de cada uno y, si procede, tratamientos que reciben. (En Madrid, el certificado médico debe acreditar que no se padecen enfermedades infeccioso-contagiosas, ni cualesquiera otras que dificulten el cuidado del menor.)

En el caso de presentar una minusvalía, certificado del Centro de Atención a los Minusválidos (CAD) correspondiente al territorio (en Cataluña).

Y a esperar, pues entramos en una lista que puede alcanzar muchos años.

5. El régimen preadoptivo es como mínimo de un año. La autoridad judicial emite su decisión y otorga la plena adopción. Y se establece un seguimiento del niño y la familia por parte de la Administración.

Existen a nivel nacional unas leyes generales que regulan la adopción, pero son las Comunidades Autónomas las que finalmente determinan todo lo que regula el proceso y requisitos de la adopción, como ya hemos comentado que sucede en la Comunidad de Madrid (como ejemplo).

Las generales se recogen en el Código Civil y valen para todo el territorio nacional. Vamos a entresacar algunas obligaciones que nos imponen:

a)   El adoptante tiene que ser mayor de 25 años. En la adopción el cónyuge es obligatorio para uno de ellos, y ninguno puede ser menor de 14 años.

b)   Hay que estar libre de expedientes penales y tener todos los derechos civiles.

c)   La adopción es constitutiva de una resolución judicial cuyos intereses primeros son los del adoptado frente al adoptante(s), que deben cumplir unos criterios de idoneidad para ejercer la patria potestad.

d)   La idoneidad puede exigirse antes de que se haga la propuesta.

e)   Pueden adoptar:

* Personas solteras.
* La pareja heterosexual.
* Padres de hijos biológicos.
* La máxima edad para solicitar una adopción es de 55 años.
* El mayor de la pareja de adoptantes no puede tener más de 40 años que el niño adoptado. No se puede adoptar un niño recién nacido si se tiene más de 40 años
* La pareja debe ser estable y con un mínimo de tres años de convivencia.

El informe emitido por los expertos va hacia la autoridad competente (Comisión del Menor), y en ésta se tienen en cuenta una serie de criterios o valores que determinan la idoneidad de la persona que solicita una adopción. Entre estos criterios el libro *Adoptar un hijo hoy* cita los siguientes:

— Ser residente en la comunidad autónoma y mayor de 25 años. En caso de que realice el ofrecimiento una pareja, basta con que un miembro de la misma haya cumplido esos años y que el otro sea mayor de edad.

— Tener medios de vida estables y suficientes.

— Estado de salud física y psíquica que no dificulte el normal cuidado del menor.

— Tendrán preferencia los matrimonios, y el hombre y la mujer integrantes de una pareja unida de forma permanente por relación de afectividad análoga a la conyugal.

— Convivencia de tres años como mínimo en pareja.

— En caso de esterilidad, que dicha circunstancia y su vivencia no interfieran el posible acogimiento o adopción...

— Existencia de una vida familiar estable y activa.

— Que el deseo de acogimiento o adopción de un menor sea compartido por todos los miembros que conviven en la familia.

— Que exista un entorno de relaciones amplio y favorable a una integración del menor acogido o adoptado.

— Capacidad de cubrir las necesidades del desarrollo de un niño.

— Carencia, en las historias personales, de vivencias que impliquen riesgo para la acogida del menor.

— Flexibilidad de actitudes y adaptabilidad a nuevas situaciones.

— Comprensión de las dificultades que entraña la situación para el niño.

— Respeto a la historia personal del niño, con aceptación de sus características particulares.

— Aceptación de relaciones con la familia de origen del menor, en su caso.

— Actitud positiva para la formación y el seguimiento.

Se supone que todos estos requisitos lo que buscan es conseguir a la familia más idónea para el niño adoptado. Sin embargo, socialmente, a veces todos estos procesos se ven con mucha polémica y crítica. En ocasiones, los criterios políticos no son los más coherentes. Pero independientemente de todo ello hay que advertir que la selección y estudio de los solicitantes, y la búsqueda de la idoneidad para la adopción son necesarios.

La idoneidad legalmente reconocida no supone una garantía de que se vaya a lograr la adopción.

Conseguido este requisito imprescindible lo que se nos garantiza es que entramos junto con otras muchas personas que solicitan igual que nosotros adoptar un niño. La dificultad de lograr nuestro objetivo en la adopción nacional suele ser más bien escasa debido a que existen pocos niños para adoptar. En la actualidad las listas de espera están cerradas. Se tienen muchas más posibilidades de lograr nuestro fin si la adopción se realiza a nivel internacional.

Las leyes a la hora de dar en adopción a un niño pueden mostrarnos muchos asuntos diversos. Es decir, que se nos puede dar al niño en una fase preadoptiva con el riesgo de que en un momento determinado si en la situación de la familia biológica cambian sus circunstancias, o existe un reclamo legal por parte de familiares, el niño puede ser devuelto sin que podamos hacer nada por retener a ese niño que nos han dado en adopción, y que en más de una circunstancia se ha vuelto realmente en contra nuestra cuando los vínculos afectivos que existen hacia el niño son de una dimensión realmente extraordinaria.

Esto se da con bastante más frecuencia de lo que pudiéramos sospechar. Y es lógico que se den auténticos dramas humanos, ya que el niño ha pasado a ser un miembro más de la familia, o sea, un hijo. Por eso, la Administración con todo el aparato legal que lleva alrededor este asunto de la adopción debe ser realmente sensible y procurar evitar por todos los medios tamañas circunstancias.

Pero eso parece difícil de evitar. Así que los adoptantes deben ser precavidos y no dar por concluido nada que realmente no esté en su proceso legal totalmente cerrado. Hay que prevenir el drama humano, que a veces realmente es extraordinario.

Es el juez el que dictamina finalmente el porvenir del niño, y hasta que no se dé ese dictamen cualquier cosa puede suceder: ¡eso hay que tenerlo muy claro!

«1. El cónyuge del adoptante, salvo que medie separación legal por sentencia firme, o separación de hecho por mutuo acuerdo que conste fehacientemente.

2. Los padres del adoptando que no se hallare emancipado, a menos que estuvieran privados de la patria potestad por sentencia firme o incursos en causa legal para tal privación.

No será necesario el asentimiento cuando los que deban prestarlo se encuentren imposibilitados para ello, imposibilidad que se apreciará motivadamente en la resolución judicial que constituya la adopción. El asentimiento de la madre no podrá prestarse hasta que hayan transcurrido treinta días desde el parto. (Este último derecho de la madre permite, en caso de abandono después del parto, cambiar de opinión en los días que siguen al mismo, pero ratifica el derecho a abandonar sin dejar huella.)

3. Deberán ser simplemente oídos por el juez:

a) Los padres que no hayan sido privados de la patria potestad, cuando su asentimiento no sea necesario para la adopción.

b) El tutor, y en su caso, el guardador o guardadores.

c) El adoptando mayor de doce años, si tuviere suficiente juicio.

d) La entidad pública, a fin de apreciar la idoneidad del adoptante, cuando el adoptando lleve más de un año acogido legalmente por aquél.» *(Adoptar un hijo hoy).*

CAPÍTULO II

LA ADOPCIÓN INTERNACIONAL

Es la adopción más corriente, pues es la que se puede realizar con mayores posibilidades de logro. La adopción nacional entraña mucha dificultad por el número escasos de niños sujetos a adopción. Conviene, pues, saber los procedimientos y las circunstancias especiales que acompañan a esta adopción, la más generalizada, la internacional.

Este tipo de adopción está introduciendo nuevos elementos culturales y sociales que hacen cambiar nuestras actitudes y nuestros intereses con relación a la vida social, más cerrada que años anteriores llevaba la sociedad española.

Sin embargo, la adopción internacional es posible desde hace ya muchos años, finales de la II Guerra Mundial, como consecuencia de los propios desastres que ésta llegó a producir en el seno de las familias. Esta solidaridad que corría de unos países a otros es lo que hoy en día sigue sucediendo con motivo del abandono y la tragedia de multitud de niños, principalmente en los países más pobres del planeta.

Este tipo de adopción vive un desarrollo y auge reglado internacionalmente desde la década de los sesenta. Los países más ricos y que ven mermado hasta grados alarmantes el índice de natalidad son los que están solicitando de continuo la adopción de los niños más desprotegidos. Los países implicados en estos procesos han ido desarrollando a su vez marcos legales y procesos muy específicos para que esta práctica sea lo más reglada y sujeta a Derecho posible. Esa protección está relativamente asegurada.

Son tantos los niños que sufren pese a todos esos esfuerzos que es una bendición cada vez que las naciones se unen para avanzar tratados, leyes y normas que eviten tragedias a veces demoníacas.

No hace mucho (recuerdo ahora una de las cosas más tremendas que he podido contemplar en vida), salía por televisión un niño pequeño de unos cinco o seis años metido en un coche policial en Rusia; pretendían, el padre y la abuela, venderle para que traficasen, una vez muerto, con sus órganos.

¿Quién olvidará la cara de ese muchacho?

El padre y la abuela eran detenidos y maniatados... No podemos sino maldecir esas cosas, pero surge en mis venas un gran temor, ¡Cuántos inocentes habrán sido inmolados! Me gustaría maldecir a cada ser implicado en estos horrores, y gritarles a la cara (pero eso son simples reacciones emotivas humanas). Sé que existen muchos horrores, ¡Dios mío...!

Pero estas son cosas tan terribles que a uno le dan ganas de ser más un sapo que hombre, para no avergonzarse, para no sentir la vergüenza y el horror de una raza tan despiadada y demoníaca, a veces.

Por eso es bueno que con respecto a los niños, por lo menos y como mínimo con respecto a ellos, queden las cosas cada vez más claras.

«La expresión adopción internacional indica, por una parte, un acto jurídico entre sujetos privados enmarcado ello en el derecho civil, y por otra, supone un escenario interestatal para su realización, que lo sitúa en el ámbito del derecho internacional privado.» (Defensor del Menor de la Comunidad de Madrid.)

La adopción internacional está contemplada dentro de los Derechos Humanos (Declaración Universal), la Convención de los Derechos del Niño, y apoyadas en las leyes y Constituciones de muchas naciones. España es uno de esos países que tiene muy regulado legalmente todo tipo de procesos de adopción, incluido el Internacional. Se han firmado Protocolos y Acuerdos con otros países (con Naciones Unidas, Europa, Latinoamérica...)

En España existen leyes jurídicas de Adopción del Menor. Las instituciones públicas antes mencionadas para la adopción nacional son las que se encargan de la recepción y tramitación de las solicitudes (directamente o a través de entidades), también para la adopción internacional. Se exigen, como en la adopción nacional, los certificados de idoneidad, y a veces se agregan exigencias del país de origen del adoptado, como es un compromiso de seguimiento. Y luego todos aquellos aspectos que velan por el crédito, el control y la inspección de todo el proceso.

Como en la nacional, una vez realizada la solicitud, el primer paso es el asesoramiento. Así el solicitante recibe información y asesoramiento con respecto al tema de la adopción internacional, y hay una responsabilidad de intermediación continua entre la familia interesada y las autoridades, tanto extranjeras como españolas, implicadas en cada parte del proceso (trámites y gestiones tanto para España como para el extranjero). Las entidades públicas españolas intermedian con otras entidades de mediación a las que tienen bajo control acreditativo. Las autoridades españolas competentes se rigen con las de otros países mediante los Convenios o Acuerdos firmados (Protección del Menor, Cooperación de Acuerdos en Adopción Internacional, etc.).

Se regulan mediante las cuestiones monetarias —financieras— y prohíben todo aquello que no sean aspectos económicos de gastos necesarios, y se regula todo ello mediante reclamaciones en las entidades públicas competentes.

Con respecto a la figura del Juez, se establece la legislación siguiente:

«Disposición Final Segunda.
El artículo 9.5 del Código Civil, párrafos tercero, cuarto y quinto, tendrá la siguiente redacción:
Para la constitución de la adopción, los Cónsules españoles tendrán las mismas atribuciones que el Juez, siempre que el adoptante sea español y el adoptando

esté domiciliado en la demarcación consular. La propuesta previa será formulada por la entidad pública correspondiente a la última residencia del adoptante en España. Si el adoptante no tuvo residencia en España en los dos años, no será necesaria propuesta previa, pero el Cónsul recabará de las autoridades del lugar de residencia de aquél informes suficientes para valorar su idoneidad.

En la adopción constituida por la competente autoridad extranjera, la Ley del adoptado regirá en cuanto a capacidad y consentimientos necesarios. Los consentimientos exigidos por la Ley podrán prestarse ante una autoridad del país en que se inició la constitución o posteriormente cualquier otra autoridad competente. En su caso, para la adopción de un español será con el consentimiento de la entidad pública correspondiente a la última residencia del adoptando en España.

No será reconocida en España como adopción la constituida en el extranjero por adoptante español, si los efectos de aquélla no se corresponden con los previstos por la legislación española. Tampoco lo será, mientras la entidad pública competente no haya declarado la idoneidad del adoptante, si éste fuera español y estuviera domiciliado en España al tiempo de la adopción.»

Los tratados internacionales como el Convenio de La Haya, firmado por España, se basan en una serie de necesidades básicas como la «necesidad de adoptar medidas que garanticen que las adopciones tengan lugar en consideración al interés superior del niño y al respeto a sus derechos fundamentales». Y en «prevenir la sustracción, la venta o tráfico de niños». Se protegen y garantizan las adopciones en todos los sentidos con referencia a esos intereses superiores del niño y sus derechos reconocidos en el Derecho Internacional. Se regula también la cooperación entre Estados implicados en los procesos de adopción para garantizarla evitando sustracciones, la venta o el tráfico de niños.

Pero, ¿cuáles son esos intereses superiores del niño...? Están determinados en parte en las condiciones de las Adopciones Internacionales.

Con respecto al país de origen:

— Establecen que el niño se puede adoptar.

— Que la adopción internacional respeta el interés superior del niño.

— Que todas las personas y autoridades que intervienen dan el consentimiento bajo la perspectiva de la información (dan información y son informadas) sin que medien aspectos económicos de remuneración y siempre y cuando el niño haya nacido.

— Se tienen en cuenta los deseos del niño con un justo asesoramiento, teniendo presente siempre el consentimiento del niño y esos deseos sin que medien temas económicos de pago o compensación de ningún tipo.

Las autoridades de recepción:

— Han constatado que los padres adoptivos son adecuados y aptos para adoptar y han sido previamente asesorados.

— Han constatado que el niño será autorizado a entrar y residir en dicho Estado.

Todo esto es lo que organiza la adopción internacional del modo en que la experimentan los padres cuando solicitan adoptar a un niño de otro país.

Todas las partes de este Convenio tratan de que se regularicen las leyes que afectan a las adopciones internacionales tanto en el orden receptor como en el dador, se tratan de establecer sistemas que son homologables, y que una vez aceptado al niño en el país receptor no se establezcan leyes contradictorias que perjudiquen al niño

«El problema se plantea en cuanto a la adopción de niños de países con adopción no homologable a la española. En este caso, una vez formalizada la adopción en el país de origen, los adoptantes solicitan la inscripción de la adopción en el Registro Civil y se les deniega por no existir esta identidad en los efectos. La consecuencia es que esta situación perjudica gravemente al menor, que para su país está adoptado pero no para España, donde se encuentra en un verdadero desamparo jurídico.»

En España se establecen sistemas alternativos, como es el sistema de acogimiento familiar con carácter preadoptivo, y que al cabo de un año permite la adopción.

Según el libro que venimos comentando del Defensor del Menor de la Comunidad de Madrid, las Reglas generales de procedimiento en las adopciones internacionales son (Convenio de la Haya):

141

— La solicitud de adopción debe dirigirse a la Autoridad Central del Estado de residencia habitual del adoptante.

— Obligación de emitir un certificado de idoneidad por la Autoridad Central del país de recepción, si los adoptantes son adecuados y aptos.

— Obligación de la Autoridad Central de los países de origen y recepción de pronunciarse sobre la adaptabilidad del niño y adecuación de los padres adoptivos, así como de asegurar la legalidad de los consentimientos prestados.

— Obligación de ambos Estados de adoptar las medidas para autorizar la salida, entrada y residencia del menor, y asegurar las condiciones adecuadas de desplazamiento del niño.

— Obligación de las Autoridades Centrales de controlar el buen fin de la adopción en interés del menor.

— Posibilidad de actuación de organismos debidamente acreditados ejerciendo funciones atribuidas a la Autoridad Central.

— La gestión de solicitudes de adopción internacional efectuadas en el territorio de su competencia recibiendo y tramitando las mismas.

— La expedición de los certificados de idoneidad de los adoptantes y, en su caso, del compromiso de seguimiento y su práctica.

— La acreditación de Entidades Colaboradoras de Adopción Internacional, así como su inspección y control. En esta materia, se trata además de otra novedad introducida por la Ley: la creación de un Registro de reclamaciones formuladas por las personas que acudan a estas Entidades.

España como Estado tiene sus competencias legislativas, reglamentarias y de gestión en materia de adopción (Dirección General de Acción Social del Menor y la Familia —Ministerio de Trabajo y Asuntos Sociales—), pero existe un desarrollo normativo en la delegación de competencia para las Comunidades Autónomas. El Estado ha asignado a cada Comunidad como una Autoridad central. En Madrid este Órgano Autónomo pertenece a la Consejería de Sanidad y Servicios Sociales, y ahora se llama Instituto Madrileño del Menor y la Familia. Es aquí donde se puede tramitar recibir y solicitar la Adopción Internacional. En otras comunidades tienen su entidad representativa como Autoridad Central, que es donde hay que dirigirse.

Existen Entidades Colaboradoras de Adopción Internacional (ECAI) autorizadas por el Estado cuyas funciones son:

— Informar y asesorar a los interesados en materia de adopción internacional (entrevistas, charlas, coloquios, editan revistas...).

— Intervención en la tramitación de expedientes de adopción ante las autoridades competentes tanto españolas como extranjeras (recabar información de solicitantes, gestiones legislativas necesarias y representación en el país de origen).

— Asesoramiento y apoyo de adopción en los trámites y gestión que deben realizar en España y en el extranjero (programas de preparación dirigidos a las familias adoptantes: aspectos psicológicos, sociales y jurídicos).

Estas asociaciones no tienen ánimo de lucro y están acreditadas en la comunidad madrileña por el Instituto Madrileño del Menor y la Familia. Según el Libro del Defensor del Menor de la Comunidad de Madrid, los ECAIS en Madrid están regulados y se les piden los siguientes requisitos:

«1.   Ser constituida legalmente e inscrita en el Registro correspondiente de acuerdo con su ámbito territorial de actuación, así como en el Registro de Entidades de Acción Social y Servicios Sociales de la Consejería de Sanidad y Servicios Sociales.

2.   Tener como finalidad en sus Estatutos la protección de menores de acuerdo con lo previsto en la legislación española y los principios recogidos en la Convención de Derechos del Niño y demás normas internacionales aplicables.

3.   Perseguir fines no lucrativos.

4.   Tener una trayectoria correcta y adecuada en el desarrollo de las actividades para la consecución de los objetivos estatutarios.

5.   Presentar un proyecto de actuación que garantice suficientemente el respeto a los principios y normas de la adopción internacional.

6. Disponer de los medios materiales necesarios para el desarrollo de sus funciones.

7. Contar con un equipo multidisciplinario formado como mínimo por un licenciado en derecho, un psicólogo y un diplomado en trabajo social o asistente social, competentes profesionalmente y con experiencia en el ámbito de la infancia, adolescencia y familias.

8. Estar dirigida y administrada por personas cualificadas por su formación y experiencia para actuar en el ámbito de la adopción internacional.

9. Tener su sede social en territorio español y delegación en la Comunidad de Madrid, así como representación en el país extranjero para el que se solicita la acreditación.

10. Contemplar en sus estatutos los principios y las bases según las cuales pueden repercutir a los solicitantes de adopción los gastos derivados de los servicios efectuados por la entidad.

11. Justificar, mediante estudio económico, los costes y gastos directos, incluyendo los honorarios profesionales derivados de la tramitación.

El Decreto madrileño recoge además las funciones que deben desarrollar estas Entidades una vez obtengan la acreditación, tanto en nuestro país como en el país de origen de los menores, antes y después de la constitución de la adopción.

Previamente a la constitución de la adopción, las funciones de la entidad colaboradora serán las siguientes:

1.   Informar y asesorar a los solicitantes de adopción.

2.   Llevar un Registro de las solicitudes de tramitación de adopción internacional recibidas, por su orden de entrada.

3.   Completar a petición de los solicitantes el expediente de adopción, recabando los documentos necesarios, traduciéndolos y efectuando las gestiones para su legalización y autenticación.

4.   Desarrollar actividades de preparación y formación para la adopción por las personas que la están tramitando.

5.   Remitir la documentación que conforma el expediente a su representante en el país de origen.

En el país de origen del menor, la entidad deberá:

1.   Hacer llegar la documentación del expediente a la autoridad pública competente en ese país ante la que esté autorizada.

2.   Seguir y activar el procedimiento manteniendo contactos con los organismos competentes.

3.   Ser informada sobre la situación de la tramitación a través de su representante.

4.   Recibir del organismo oficial del país de origen del menor el documento referente a la preasignación del menor.

5.   Informar de esta preasignación al Instituto Madrileño del Menor y la Familia para que emita su aprobación o denegación.

6.   Informar de la preasignación y de la decisión del Instituto Madrileño del Menor y la Familia a los interesados, facilitándoles todos los datos disponibles sobre el menor.

7.   Presentar en el organismo oficial del país de origen del menor el documento de aprobación o de denegación del Instituto Madrileño del Menor y la Familia, y el de aceptación de los solicitantes.

8.   Gestionar, cuando sea necesario, el otorgamiento de poderes por parte de los interesados para la actuación de abogados y procuradores ante los órganos judiciales competentes del país de origen del menor.

9.   Ser informada por su representante si durante la tramitación se recabara algún nuevo documento para comunicarlo a los interesados.

10.   Asegurarse de que el menor reúne todos los requisitos para la entrada y residencia en España, y de que dispone de toda la documentación pertinente para el reconocimiento de la eficacia de la resolución extranjera en nuestro país.

11.   Informar a los interesados del momento en el que pueden trasladarse al país de origen del menor para ultimar los trámites.

12.   Ayudar a los interesados en las gestiones de legalización, así como en aquellas otras que deban realizarse ante las dependencias consulares españolas en el país de origen.

Una vez constituida la adopción, la entidad colaboradora tendrá las siguientes funciones:

1.   Comunicar al Instituto Madrileño del Menor y la Familia la constitución de la adopción o la tutela legal con fines de adopción.

2.   Enviar al organismo competente del país de origen del menor los informes de seguimiento.

3.   Asesorar e instar a los adoptantes para que soliciten la inscripción en el Registro Civil Central o Consular.

4.   Velar por que se solicite la adopción en los supuestos en que se hubiese constituido una adopción no plena o una tutela legal con fines de adopción.

5.   Informar mensualmente al Instituto Madrileño del Menor y la Familia sobre los menores adoptados o tutelados con fines de adopción.

6.   Comunicar al organismo competente del país de origen del niño que la resolución de adopción se encuentra inscrita

7.   Prestar servicios de apoyo al menor adoptado o tutelado con fines de adopción y a los adoptantes.

Actualmente, existen en la Comunidad de Madrid 11 entidades acreditadas para 12 países de origen (Bolivia, Brasil, Colombia, Chile, Guatemala, Honduras, Hungría, India, México, Perú, Rumanía y Rusia) y otras 13 pendientes de acreditación (según datos facilitados por el Instituto Madrileño del Menor y la Familia.)

Situación de la acreditación en el resto de España:

En esta fecha todas las Comunidades Autónomas, salvo Asturias, Cantabria, Ceuta y Melilla, han suscrito Decreto regulador de la Habilitación de Entidades Colaboradoras. En toda España existen actualmente un total de 25 ECAIS en 13 Comunidades Autónomas para 21 países de origen, aunque lo cierto es que la mayoría se centran en cuatro países: Colombia, donde se solicitaron el pasado año 445 adopciones; India, con 234 solicitudes, 132 en China y 119 en Perú.

Estos datos no incluyen los referidos a la Comunidad Autónoma de Cataluña y en todo caso se refieren a informes psicosociales y certificados de idoneidad tramitados, pero no se dispone de datos relativos al número de adopciones efectivamente constituidas.»

Siguiendo la obra anterior, en Madrid, para adoptar en el extranjero un menor debe seguirse un proceso, que en el resto de las Comunidades será parecido. Fases:

1. Información previa y solicitud de adopción.

Es el Equipo de Adopción Internacional quien atiende la demanda (el primer contacto suele ser telefónico) y luego se convoca a los interesados a una reunión informativa. Y como en la adopción nacional se le dan datos de todos los asuntos que existen alrededor de la adopción, en este caso internacional, y esta información puede tener una carácter de varias reuniones y de modo grupal o individual. Aquí se dan datos de todo tipo y se recaba información a través de cuestionarios: salud, cultura, trabajo, situación económica... Todos aquellos aspectos que son válidos para certificar la idoneidad. Una vez realizado esto se pasa a formalizar la solicitud mediante un escrito a la Comisión de Tutela del Menor y ahí se elige el país que se ha elegido, y a través de los cuestionarios se determinan los motivos, etc., de la adopción.

Con esta información se continúa el proceso a través de dos entrevistas más (aproximadamente) con diferentes profesionales que forman el Equipo (ya hemos descrito al asistente social y al psicólogo en la adopción nacional). Y también se hacen visitas al domicilio de las cuales se emiten los correspondientes informes. Y todo ello va encaminado a la obtención de la idoneidad... Y el proceso con estos profesionales es parecido al que se describe en la adopción nacional, por lo que obviaremos detalles... El certificado de idoneidad es una obligación por Ley sin el cual no podemos seguir cualquier proceso de adopción.

Los solicitantes deberán reunir una serie de documentos que complementen los requisitos exigidos para adoptar: DNI, fotografias, certificados de nacimiento y matrimonio, certificado de empadronamiento, certificado médico oficial, certificado de antecedentes penales, certificados de declaraciones a Hacienda de los impuestos sobre la Renta y Patrimonio, certificado bancario del Patrimonio mobiliario e inmobiliario y certificado de trabajo... Todos los documentos deben estar debidamente legalizados para poderlos dirigir al país de destino, y con la correspondiente traducción a la lengua de ese país (coste que corre a cargo de la familia que va a adoptar), salvo que existan otras normas dictadas por la autoridad competente. La legalización de los documentos se hace en las Embajadas o Consulados de los países de donde procede el menor objeto de adopción y sus costes suelen correr a cargo de la familia que persigue el objetivo de adoptar. Este proceso es puramente burocrático y como tal suele ser lento y dificultoso.

2. Remisión de documentos al país de origen y preasignación del menor.

Cuando todos los papeles están legalizados y traducidos esta documentación se tramita a través de la Dirección General de Acción Social del Menor y la Familia a la Autoridad Central del país de origen del menor objeto de adopción. También tramitan la Entidad Colaboradora de Adopción Internacional (ECAI) si alguna de ellas es la que gestiona el proceso.

Una vez llegado al país de origen la demanda de adopción debidamente documentada y legalizada, este país procede a asignar a un niño concreto objeto de adopción y tiene que elaborar un informe oficial con relación a la identidad del menor; en ese informe deben aparecer otras informaciones como: adaptabilidad, medio ambiente social donde se desenvuelve, evolución personal y familiar, historial médico del menor y la de su familia, y sobre todo, tipo de necesidades relacionadas con el menor.

Este informe es obligatorio según el Convenio de la Haya (artículo 16), pero en la práctica real parece ser que la información suele ser escasa y mal elaborada, por lo que en este punto el proceso pierde calidad y dificulta todo el procedimiento. Son los profesionales que intervienen los que deben velar porque toda esa información sea lo más objetiva y extensa posible. La Autoridad Central del Estado del país de donde es originario el menor objeto de adopción debe tener todos los requerimientos que se le exigen para la colocación del menor. Ese informe debe llegar a la Autoridad Central competente de la Comunidad Autónoma y a los organismos oportunos de ésta. (En Madrid, a la Comisión de Tutela.) Se pasará la información a los solicitantes con un asesoramiento oportuno y dando pie a una profunda reflexión antes de tomar ninguna decisión. Una vez aceptada y tomada la decisión de adoptar a ese menor asignado, esta decisión de aceptación deberá remitirse por escrito a la Comisión de Tutela o a la ECAI encargada (si la hubiera). Se le dará desde la CT o ECAI el asesoramiento oportuno sobre el viaje que deberá realizar al país del menor objeto de adopción (fecha y sobre los eventos que surgirán: proceso judicial de adopción —trámites y duración—, tiempo total de estancia en el país, y todas la informaciones oportunas, desde hoteles hasta cualquier detalle relacionado con la estancia).

El ECAI debe tener su representante (quizá un Letrado) en ese país —no es obligatorio—, que es la persona que acompaña en todo momento a la familia que viaja con el objeto de adoptar al menor, que los apoyará (orientará) y representará en todos los procedimientos legales sobre la adopción. En España esta figura es esencial y resulta de un apoyo fundamental para la familia solicitante de una adopción en un país extranjero. En otro caso, que no intervenga una ECAI, todo el proceso de apoyo, información y orientación deberá realizarse a través de la Embajada o Consulado oportuno o en la CT.

Constitución judicial de la adopción y reconocimiento en España

Cuando la familia que pretende adoptar a un menor se encuentra en el país de origen del menor se somete a los trámites legales de dicho país para conseguir la adopción, y por tanto todo está sujeto a la legislación de dicho país. Todo sigue sus trámites legales normalmente a través de la orientación y el apoyo, como hemos dicho de una persona reconocida por el ECAI o Consulado o Embajada. Y así se llega a la resolución positiva de la adopción. Ya en este momento la familia puede salir del país con el menor adoptado una vez obtenida toda la documentación, incluida la exigida para entrar en España.

Aquí resulta imprescindible lograr la inscripción en el Registro Civil Central, y tiene que existir una certificación de la conformidad de la adopción con el Convenio por la Autoridad Central, donde aparecen todos los datos referidos a dicha adopción. Y a partir de este momento se reconoce a todos los efectos legales el vínculo de filiación entre el niño y los padres adoptivos. La responsabilidad de los padres respecto a su hijo adoptivo y la ruptura del vinculo de filiación anterior.

Si la adopción se ha realizado a través de las ECAIS tendrán además la obligación de informar mensualmente al IMMF sobre los menores adoptados.

Seguimiento

Es de ley que puedan solicitar apoyo técnico aquellas familias que tengan hijos en adopción para lograr una mejor adaptación del menor a la familia. La mayoría de los países de donde procede el menor exigen un compromiso de seguimiento por parte de la Autoridad Central. Los informes de seguimiento describen la situación actual del menor. El seguimiento se puede hacer a través de profesionales (Tutor de Intervención Profesional de Adopción Internacional), a través de los técnicos del Instituto del Menor de la Comunidad Autónoma pertinente, o a través de los profesionales de las ECAIS.

Este es todo el proceso ideal sobre el trámite que hay que realizar con relación a la adopción internacional, pero en todo ello existen muchos problemas: quejas, falta de rigor en algunas ECAIS (en la actualidad está abierta la posibilidad inminente de reforma), a veces no hay mucha información para las familias que adoptan y ocurren de cuando en cuando auténticas barbaridades, cuando no hay familias que se agotan en el largo proceso de adoptar, fallos en los seguimientos y un largo etcétera.

Hay procesos de adopción que duran hasta la friolera de siete años, y no siempre tienen un final feliz. Hay que recordar algunos casos, como el del niño de Soria, que dan al traste con las esperanzas de unos y otros quizá por una mala gestión de la capacidad de decisión por parte de la Autoridad Central. Hay muchos engaños y estafas.

Adoptar un niño puede llegar a ser tremendo; la paciencia es una las virtudes más deseables para las familias que esperan lograr el objetivo de tener un menor en adopción. Los padres que finalizan este proceso suelen quedar llenos de felicidad, pero aun en la resta final hay casos en los que no se logra el objetivo, trocándose la esperanza en dolor, y a veces desesperación, llanto, dolor... A finales del año 1999, lograron la adopción de un niño español 600 parejas. Y esto es realmente una lotería, pues una vez superadas las entrevistas y terminar con el certificado de idoneidad y todos los trámites necesarios, se pasa a unas listas de adopción nacional y la espera dura años (3, 4, 5...). Y sucede que los niños llegan en régimen de acogida preadoptiva, lo que significa que corren el riesgo de que los padres biológicos los reclamen y que exista una reinserción, lo cual implica la devolución del menor, con la consiguiente ruptura del vínculo afectivo de las familia que trata de adoptar, lo cual se traduce realmente en una situación profundamente traumática; aunque esto no es frecuentemente así, es realmente raro. Los niños, ante la ambigüedad de situaciones confusas, reaccionan de modo traumático, con inseguridad y problemas afectivos, si no es con nervios, pesadillas...

Las adopciones nacionales son escasas para la enorme demanda que existe para adoptar niños, así que desde hace unos años se recurre a la adopción internacional, ya que las listas de la adopción nacional están cerradas.

Y en las adopciones internacionales hay muchas quejas por la falta de transparencia en los procesos, la falta de información y las esperas largas y desesperantes. Hay muchas demoras, sin saber por qué. De repente hay que viajar al país del menor y se termina el proceso. Una vez terminado todo lo legal la adopción es irrevocable.

Se cuenta el caso de una mujer que ejemplifica, después de terminado el proceso de adopción, legalmente consentido, cómo se vuelve irrevocable. Se dio un caso en Moscú donde una mujer fue a recoger a su hija y, después de muchas peripecias y dos años de retraso, regresó a casa con una adolescente de quince años, aparentemente normal, pero ya aquí en España se produce la enorme sorpresa de verificar taras psicológicas graves.

—Yo la veo muy rara —dice su madre adoptiva—, con unos movimientos de cuerpo muy raros. Empiezo a inquietarme muchísimo. Fui a la habitación a coger el abrigo para marcharme de casa. Veía que había un clima siniestro y que iba a pasar algo. Cuando cogí el abrigo vi que tenía en la mano un cuchillo, y a punta de cuchillo me hace que le dé el dinero. Le arrebaté el cuchillo a pesar de que me hice sangre...

Esta chica fue llevada a un centro de acogida, y ahora la madre adoptiva pide a la justicia que la defienda de su hija, alega que nadie le informó de los graves problemas psicológicos que padecía.

—Me parece injusto —dice la madre— que se me obligue a estar unida legalmente a esa persona. Me parece injusto, totalmente injusto.

Las quejas son muy frecuentes en las adopciones internacionales, aunque este caso resulta ser extraordinariamente extremo. Muchas de las quejas más normales van dirigidas hacia el funcionamiento y los servicios prestados por las entidades colaboradoras (ECAIS). 4.200 adopciones son las que se han realizado en los últimos años en España. El coste por adopción puede estar entre un millón y medio a dos millones de pesetas, supone un movimiento de dinero de unos ocho mil millones de pesetas en los tres últimos años, lo que significa que aunque este tema se organice sin ánimo de lucro y con control de la Admistración, el movimento de dinero alrededor de la adopción internacional es grande.

Últimamente se espera una reforma con relación a los requisitos exigidos a estas entidades. La Comunidad de Madrid está estudiando en la actualidad su modificación, para acotar más su intervención y establecer unos controles que sean adecuados y que lleven a la garantía total de que detrás de las adopciones lo que no hay es un negocio.

Esto debe ser puesto en conocimiento de las personas que pretenden adoptar un hijo, aunque no son causa suficiente como para que alguien renuncie a ese extraordinario acto de adoptar un hijo. Sin embargo, hay que estar prevenidos contra la adversidad.

En la Comunidad de Madrid se detectan quejas como:

— Una necesidad de controlar a las Asociaciones colaboradoras con la Administración Pública en esta materia.

— Falta de transparencia y de información a las familias adoptantes.

— Control de los medios de comunicación.

— Falta de apoyo a las familias por parte de la Administración Pública una vez culminado el proceso de adopción

— Problemas relacionados con la inscripción de la Adopción en el Registro Civil español.

En este conjunto de quejas también se alternan posibles soluciones, de las que comentamos algunas.

Con relación a las ECAIS, se apunta que se deben hacer revisiones de las memorias, viajar al país de origen y conocer todos los procesos e instituciones intervinientes en la adopción (jurídicos, orfanatos...), la elaboración y publicación de manuales de consejo y orientación. Formación para los profesionales y particulares...

Incrementar la información y el asesoramiento, dando detalles de los obstáculos y las dificultades. Formar a los padres adoptivos no sólo en lo tocante al tema de la adopción y sus repercusiones psicológicas, sino también sobre todo lo que pueden encontrar en el país donde se realiza la adopción. No dar nunca falsas expectativas cuando se está en una fase de acogimiento temporal, pues es muy traumático cuando se pierde el vínculo afectivo con alguien a quien consideras ya tu hijo porque retorne al seno de su familia biológica. Esto crea auténticos dramas humanos para todas las partes implicadas.

Con respecto a los medios de comunicación se creen que muchas veces crean climas de confusión y falta de claridad, y una perspectiva superficial por el tema muchas veces de moda: la adopción por parte de famosos y otras cuestiones superficiales de la prensa. Adoptar a un hijo porque alguien famoso lo hizo y es de «glamour» es una aberración. La adopción es algo más profundo que los pensamientos «light» de algunas mentes calenturientas...

Hay unos datos alarmantes: 1 de cada 7 niños adoptados vuelven en la Comunidad de Madrid a los Centros de Acogida. ¿Por qué? Porque los padres ven que no pueden afrontar los difíciles comportamientos de los hijos y desisten. Esto es un poco como lo del perro abandonado, al no coincidir las perspectivas de los padres con la realidad de los hijos adoptados. Otra cuestión es que los padres antes de adoptar deben ser avisados de la problemática de los niños, sobre la personalidad y las psicopatías, si existieran. Lo que le sucedió a la madre que antes hemos descrito cuya hija le atacó con un cuchillo, tenía que haber sido previsto con antelación a la adopción e informado sobre las alteraciones psicopatológicas; en otro caso es un engaño, y hacemos asumir a alguien unas cargas no previstas. Otra cosa es cuando a las familia se les previene de las dificultades y admitida la adopción luego sucumben y quieren deshacerse de sus responsabilidades. Entre el abandono del perro (acto infame) y hacerlo con un niño es algo inaudito y profundamente deshumanizador... ¡Mejor es no intentar adoptar...!

Por eso hemos elaborado una primera parte puramente psicológica de recomendaciones generales.

En el libro titulado *Defensor del Menor de la Comunidad de Madrid* cuya autora del tema de la adopción internacional es Sonsoles Rodríguez Álvarez, libro del que hemos sacado multitud de datos para esta obra, se resumen unas conclusiones que a continuación transcribimos literalmente:

«Primera. La entrada en vigor del Convenio de La Haya y la aprobación en España de la Ley Orgánica l/96, de 15 de enero, han supuesto un gran avance en la regulación del procedimiento de adopción internacional, por cuanto refuerzan las garantías de legalidad del mismo por diferentes vías, como son la exigencia del certificado de idoneidad de los adoptantes, la mayor intervención de la Administración en el proceso o el control público de las Entidades Colaboradoras de adopción internacional.

Segunda. En los últimos años, en concreto desde el año 1992, se ha producido un rápido incremento de las solicitudes de adopción internacional en nuestro país que han provocado, por una parte, dificultades en el proceso de tramitación por el aumento de la demanda, y por otro, una gran presión social y de medios de comunicación frente a la Administración Pública.

Este hecho ha llevado a la Administración a arbitrar modos de agilizar el proceso de adopción, sin que ello suponga una merma de las garantías que deben ser respetadas en el mismo. Así, en la Comunidad de Madrid se han establecido convenios con Colegios Profesionales, de forma que se pueda dar respuesta al gran número de solicitudes de informes psicosociales, necesarios para obtener el certificado de idoneidad. Además, se privilegia la actuación de Entidades Colaboradoras que atiendan las solicitudes para los países en los cuales están acreditadas.

Actualmente, el tiempo medio de constitución de una adopción internacional en nuestra comunidad es de aproximadamente dos años desde que una familia solicita el certificado de idoneidad hasta que llega el niño. Sin embargo, el tiempo depende de muchos factores como la propia familia, la Administración, y sobre todo el plazo de espera según el país elegido. En la Comunidad de Madrid se tiene el convencimiento de que el tiempo no es el factor más importante que deben tener en cuenta los solicitantes, sino el comprender el significado de la adopción internacional, la preparación y reflexión de la familia, y la ayuda en la tramitación de las complicadas gestiones.

Tercera.   Existen actualmente en la Comunidad de Madrid once Entidades Colaboradoras de adopción internacional debidamente acreditadas y sujetas al control público, y otras trece que están siendo objeto de estudio para obtener la acreditación.

Se hace necesario procurar un equilibrio de manera que las ECAIS actúen en todas las Comunidades Autónomas y en un mayor número de países de origen.

Actualmente las ECAIS no reciben ningún tipo de ayuda por parte de la Administración, de manera que todos los gastos de la tramitación recaen sobre los adoptantes, a diferencia de Holanda, donde el Ministerio de Justicia ofrece instalaciones para que los servicios de adopción ejerzan la labor de asesoramiento, o Francia, donde el Estado ofrece ayudas y subvenciones tanto a la «Misión de Adopción Internacional» como a los Organismos autorizados dependientes de ella.

Cuarta.   La adopción es un proceso largo y difícil que requiere preparación específica por parte de los adoptantes, de manera que conozcan los pormenores del procedimiento y los problemas que pueden derivarse del mismo. La Administración o las Entidades intervinientes tienen la responsabilidad de mejorar la preparación que ofrecen a los adoptantes.

Con este mismo fin, debe procurarse por la Administración una formación constante de los profesionales que intervienen en el proceso, así como un control de la información facilitada sobre la materia a través de los medios de comunicación.

Quinta.   Es absolutamente necesario que la Administración, o las Entidades que con ella colaboran, ofrezcan apoyo a los adoptantes una vez culminado el proceso para garantizar la integración del menor en la familia y el entorno.

Al hablar de adopción internacional necesariamente recordamos la situación de los niños en el mundo. A este respecto en el libro *Adoptar un hijo hoy*, se escribe al respecto:

«Para la mayoría de las organizaciones de ayuda humanitaria, la adopción de los niños del Tercer Mundo es sólo una gota de agua que no resuelve los profundos problemas de las sociedades en vías de desarrollo; consideran que la adopción, y por consiguiente la expatriación, no es precisamente la mejor solución para paliar las dificultades de la infancia en esos países. El objetivo de estas organizaciones es luchar para que las comunidades subdesarrolladas puedan afrontar sus propias carencias, y defienden prioritariamente la formación de los niños mediante programas de desarrollo y cooperación.

El Unicef, que en diciembre de 1996 celebró su cincuentenario, es el órgano de la ONU, sin duda, más conocido del mundo. En la actualidad, trabaja en 149 países, y ha suministrado ayuda humanitaria para luchar contra la muerte y la enfermedad en los rincones más pobres del planeta. En cincuenta años, el Unicef ha conseguido, con la indispensable contribución de otras organizaciones humanitarias, que la terrible fatalidad de la miseria diera un paso atrás. Desde los años sesenta hasta hoy, la mortalidad de niños menores de cinco años en los países pobres se ha dividido por dos; además, sólo el 20 por 100 de la población del Tercer Mundo padece desnutrición, mientras que hace treinta años afectaba a la mitad de los habitantes de los países en vías de desarrollo.

Carol Bellamy, directora general del Unicef, hizo en diciembre de 1996 en el periódico francés "Le Monde" un balance de las intervenciones que la organización que dirige ha realizado en el mundo desde que fue creada:

"Si el esfuerzo hecho ha sido muy importante desde hace cincuenta años, actualmente, no es admisible que 12,5 millones de niños sigan muriéndose cada año en los países del Tercer Mundo, cuando nueve millones de ellos podrían ser salvados gracias a unas técnicas simples y perfectamente dominadas. En un mundo en el que la renta por habitante se ha triplicado en los últimos veinticinco años, esta situación es inaguantable, sobre todo si se sabe que con 40.000 millones de dólares por año, todos los habitantes necesitados de la Tierra podrían disponer de los servicios básicos, como la salud, la educación y el agua. ¿Qué son 40.000 millones de dólares cuando se sabe que el mundo dedica cada año 600.000 millones de dólares para sus gastos militares? ¿Puede ser soportable que cada año cerca de 600.000 mujeres se mueran pariendo y dejando millones de huérfanos o que 200 millones de jóvenes sufran de desnutrición en un mundo en el que hay excedentes de productos?

El Unicef "insta a los gobiernos a invertir el 20 por 100 de sus presupuestos en educación y servicios sociales básicos, y a los gobiernos donantes a hacer lo mismo con su ayuda oficial al desarrollo, lo que supondría cerca de seis billones de dólares al año sobre lo que ya se gasta, para hacer que todos los niños acudan al colegio en el año 2000. Esto puede parecer una suma de dinero enorme; pero, es menos del 1 por 100 de lo que el mundo gasta cada año en armas.»

A menudo los europeos nos complacemos en denunciar las situaciones precarias y difíciles de los países del Tercer Mundo, y olvidamos que la miseria empieza en la esquina de nuestra calle. Los niños son los primeros que padecen los efectos de una nueva pobreza, la que viven miles de europeos a causa de la marginación social que conllevan los problemas económicos o psicológicos. De éstos: El 90 por 100 está en situación de desempleo, el 28 por 100 ha estado una vez en la cárcel, el 41 por 100 lleva más de cinco años en la calle, el 25 por 100 ha recibido tratamiento psiquiátrico, el 50 por 100 ha caído bajo los efectos del alcoholismo y el 13 por 100 en la drogadicción, el 3 por 100 padece el sida, y quizá lo que es peor, el 59 ha sufrido el abandono de parientes y amigos.

Así, Europa no se queda fuera de las estadísticas de la pobreza, y se estima que una tercera parte de los europeos será pobre en el siglo XXI. Según un estudio realizado por la Federación Europea de Organizaciones No Gubernamentales, 50 millones de europeos, entre ellos 4.500.000 españoles, viven por debajo del umbral de pobreza, y casi tres millones ni siquiera tienen un techo para protegerse.

Es interesante constatar que esos datos estadísticos son muy similares a los resultados que se obtienen en los estudios sobre los niños abandonados y confiados a la tutela de las administraciones europeas. En 1996, Amalia Gómez, secretaria de Asuntos Sociales, explicó en la inauguración de unas jornadas contra la marginación social que las características de la pobreza en España son su localización en las afueras de los núcleos urbanos o rurales y sus efectos en familias enteras.

Según el Unicef, en el mundo 250 millones de niños entre cinco y catorce años trabajan en condiciones infrahumanas y son explotados como esclavos. Tanto en Asia como en África, trabajan uno de cada tres niños, y en Suramérica, uno de cada cinco. Se emplean en la ejecución de trabajos serviles o forzados para la industria, las explotaciones agrícolas, las actividades callejeras o el servicio doméstico. Obviamente, estos niños no reciben ninguna educación, lo que les condena de por vida: un 47 por 100 en África, un 34 por 100 en Asia, un 16 por 100 en Oriente Medio y un 12 por 100 en Suramérica no asisten a la escuela primaria.

En todo el mundo, millones de niños y niñas trabajan de forma oculta en casas privadas como empleados domésticos; en realidad, son los más olvidados porque resultan los más difíciles de proteger. Según el Unicef, «como este tipo de trabajo es en gran parte clandestino, es difícil apreciar su expansión, pero estudios recientes han ayudado a definir el problema».

Los niños trabajan como servidores domésticos en África, en Asia, en Suramérica, en Oriente Medio y en algunas partes de Europa meridional. Así, en Yakarta (Indonesia), una encuesta reveló que casi un tercio de los trabajadores domésticos, cerca de 400.000, tenían menos de quince años. En Haití, 250.000 niños de entre siete y diez años son explotados en este tipo de tareas.

El Unicef reconoce que las condiciones de vida de estos niños son infrahumanas: «Los niños pueden mantenerse durante días alimentándose sólo de pan y té, y sufrir regaños y golpes. Los niños trabajadores domésticos están expuestos a abusos emocionales y sexuales por parte de sus dueños y sus familiares. Los horarios de trabajo son prolongados, de entre doce y dieciocho horas. En general, ganan poco, y las niñas reciben sistemáticamente menos que los niños. Muchas veces la única remuneración son las sobras de la comida y la ropa desechada. En la República Dominicana, la niña trabajadora doméstica es conocida como una puerta cerrada, y en Bangladesh, son las atadas.»

Las circunstancias de algunos niños van mucho más allá de la aceptación de unas pésimas condiciones de vida, porque se trata de auténticas situaciones de esclavitud. En este sentido, el Unicef explica lo siguiente:

En la India este tipo de transacción está muy extendido en la agricultura y en algunas industrias tales como la fabricación de cigarrillos, alfombras, cerillas, pizarras y seda. La más notoria de todas es la industria de alfombras de Mirzapur-Bahadohi-Varanasi, en el estado de Uttar Pradesh. Según un reciente estudio, los miles de niños que trabajan en la fabricación de alfombras son secuestrados o atraídos bajo señuelos, o sus propios padres los entregan por miserables sumas de dinero. Gran parte de ellos son mantenidos en cautividad, torturados y obligados a trabajar veinte horas al día sin interrupción. En Brasil pueden encontrarse modalidades de trabajo forzoso desde los hornos de carbón vegetal a las plantaciones de caña de azúcar. En Mauritania, miles de niños nacen todavía en condiciones de auténtica esclavitud. Ésta fue oficialmente abolida en 1980, pero 400.000 africanos sirven todavía como esclavos a sus dueños bercheres.

Miles de niños andan por las calles realizando trabajos peligrosos y crueles, y con frecuencia ponen en riesgo su vida. «El mundo reaccionó con horror en 1993 cuando unos policías de Río de Janeiro masacraron a seis niños de la calle. Un informe del tribunal estatal de menores declaró que en Río son asesinados una media de tres niños de la calle al día, muchos de ellos por la propia policía a solicitud de los comerciantes que consideran que la mendicidad, el robo y la inhalación de pegamento causan una gran molestia», dice el Unicef.

En todo el mundo, la calle se ha convertido en la casa de muchos pequeños; desempeñan actividades marginales e ilegales, y con frecuencia caen en manos del crimen organizado. El Unicef, en su informe de 1997, denunció también el destino terrible de los niños basureros: «Pasan sus días recogiendo en la calle, los basureros y los cubos de desperdicios, productos usados como papel, plásticos, jarros, botellas, piezas de metales, para venderlos a los comerciantes de productos reciclados.»

En el informe citado, el Unicef dio a conocer los numerosos programas desarrollados por las organizaciones no gubernamentales para salvar a esos niños de la miseria, y propuso la adopción de medidas «para eliminar el trabajo infantil nocivo, con el objetivo primordial de salvaguardar siempre el interés superior del niño». El ejemplo de la fundación independiente Rugmark, creada en la India en 1994, y que hoy actúa también en Nepal, es una de las iniciativas más prometedoras para luchar contra el trabajo infantil ilegal: concede la homologación a los exportadores que utilizan una marca de garantía que especifica que las alfombras no han sido elaboradas por niños. Además de supervisar y de controlar la industria de las alfombras, Rugmark promueve también la educación, la formación y la rehabilitación de los niños.

El Unicef propone llevar a cabo seis pasos clave para erradicar el trabajo infantil:

— la inmediata eliminación del trabajo infantil de explotación y peligroso;
— una educación gratuita y obligatoria para todos los niños;
— leyes severas sobre el trabajo infantil y su refuerzo en cada país;
— registro de todos los niños al nacer;
— bases de datos y formación;
— códigos de conducta y políticas de realización.

La principal demanda del Unicef es la inmediata eliminación del trabajo infantil peligroso y de explotación. «Un trabajo en el que peligre el desarrollo físico, mental, espiritual, moral o social de los niños, debe finalizar —dijo Carol Bellamy, directora general del Unicef—. El trabajo infantil peligroso es un abuso de cada uno de los derechos del niño como seres humanos y es una ofensa a nuestra civilización.»

CAPÍTULO III

EL ACOGIMIENTO

El concepto de acogimiento familiar es una idea mucho más amplia, más altruista que la de adopción. Mientras la adopción fija legalmente a la persona como a un hijo biológico, el acogimiento tiene unos resortes más flexibles por los que la persona puede retornar a su origen biológico si éste le beneficia, por lo cual la familia de acogida puede «sufrir» el desprendimiento de este ser integrado en el ambiente familiar de acogida. En este sentido el acogimiento entraña un altruismo mayor y una renuncia afectiva y sentimental sin límite, si esto beneficia a la persona en régimen de acogimiento. Es decir, con el acogimiento no tenemos los derechos que se adquieren con un hijo, pero sí la misma obligación de entrega y desprendimiento, y en cualquier momento sabemos que en su beneficio se renuncia a él o ella. Pero, claro, por eso los niños y adolescentes que están en régimen de acogimiento, así como las familias, viven un clima de incertidumbre, que aunque legalmente está reglado, desde el punto de vista emocional entraña una ingente cantidad de conflictos.

Se han establecido mecanismos por los que antes de llegar a la adopción del niño o el adolescente se debe pasar por fases de acogimiento. Bueno es tener una idea de este asunto. Según el libro del Defensor del Menor de la Comunidad de Madrid que venimos comentando, según la Ley Orgánica de 1996, existen tres tipos de acogimiento:

— El acogimiento simple: en el cual es relativamente previsible el retorno del menor a su familia, dándose las condiciones de Temporalidad.

— El acogimiento permanente: la Ley introduce esta posibilidad en aquellos casos en los que la edad u otras circunstancias del menor o su familia aconsejan dotarlo de una mayor estabilidad, ampliando la autonomía de la familia acogedora mediante la atribución por el juez de aquellas facultades de tutela que les faciliten el desempeño de sus responsabilidades.

— El acogimiento preadoptivo: ya anteriormente definido en la Ley 21/1987.

Finalmente, la Ley contempla los extremos que deben recogerse en el documento de formalización de los acogimientos familiares.

El concepto de Temporalidad es lo que caracteriza al Acogimiento frente a la Adopción. El concepto de Acogimiento lo define la idea de provisionalidad. Las familias que acogen a niños y adolescentes deben cargarse de fuerza psicológica, ya que llegado un momento determinado el desprendimiento de esa persona que acogemos puede ser un hecho real. Muchas veces vemos en las noticias los dramas humanos que se viven cuando un niño o adolescente ha sido acogido con la idea de que en una alta probabilidad se aseguraba el no retorno al sitio de origen por improbable (o probabilidad remota), y sin embargo esa probabilidad se ha dado, y la persona ha tenido que retornar con su familia de origen biológico. Por tanto, hay que saber que si no está legalmente adoptado, o sea, con un reconocimiento legal íntegro en este sentido, la persona que acogemos puede en un momento determinado retornar a su ambiente de origen, y eso, para evitarnos sufrimientos insuperables, debemos admitirlo y considerarlo como una situación real. Hay, pues, que saber y admitir con claridad cuándo estamos con una persona en Acogida y lo que eso significa, y cuándo estamos en una situación de Adopción real y de hecho. Las dos entrañan aspectos legales perfectamente separados y distintos.

Dentro del Acogimiento existe una ingente cantidad de modalidades diferentes y legalmente reconocida, que hacen referencia a la diversidad de circunstancias en las que se encuentran los niños y adolescentes objetos de ella. En el libro que venimos comentando del Defensor del Menor se dice al respecto del acogimiento:

«Desde la perspectiva de la familia biológica el acogimiento es un recurso para ayudar e intervenir con familias en crisis que, temporalmente y por graves circunstancias, no pueden hacerse cargo de su hijo o hijos.

Por ello, la familia biológica debe ser considerada como un objetivo más importante y relevante en el proceso de intervención.

En la medida en que se puedan prestar a la familia biológica las ayudas necesarias para solventar sus problemas, el menor podrá retornar con su familia natural.

A la familia biológica se le debe considerar parte integrante del Equipo, al igual que a la familia acogedora y al niño. Consideramos necesario y positivo, en especial para el niño, el que sus padres estén incorporados, en mayor o menor medida, en la toma de decisiones sobre él, pues ello supondrá una garantía para la ejecución del plan previsto para el niño. Es en este sentido de concepción de la familia biológica con el que se trabajará en las sesiones de formación con los candidatos a familias acogedoras.

Las causas que motivaron la separación del niño de sus padres y las propias características personales de estos padres serán los factores que van a determinar el tipo de contacto que se va a establecer con sus hijos acogidos, quedando el tipo de contacto reflejado en el acuerdo de acogimiento y en el plan de intervención que se desarrollará con cada miembro del acogimiento.

La familia acogedora es concebida como alguien que presta un servicio para el cual necesita formación previa, apoyo y asesoramiento durante el proceso y que además forma parte integrante de un Equipo.»

«Alguien que presta un servicio» no es un recurso pensado para familias que desean tener un hijo, y en ningún caso debe confundirse con la adopción. El acogimiento es un acto solidario que implica generosidad y comprensión del acogedor hacia el acogido. No puede confundirse ni mezclarse con la paternidad, que tiene connotaciones más posesivas y privadas.

Se presta un servicio ya que se tienen que cumplir unas condiciones y unos objetivos establecidos en el "acuerdo de acogimiento", y el no cumplir con las obligaciones contraídas da como resultado la terminación de los servicios.

Están obligados a respetar la confidencialidad de la información que posean y deben ser respetuosos con los antecedentes personales y la familia del menor.

Respecto al niño, la familia acogedora se encuentra en una situación privilegiada para ayudarle a comprender su propia situación y la de su familia.

Las familias, antes de hacerse cargo de un niño, necesitan formación específica, aunque hayan demostrado o se consideren muy capacitados para educar a sus propios hijos. Esto es debido a que el rol del acogedor difiere y comporta habilidades, conocimientos y actitudes que no son habituales en el rol de padres, tales como:

— La permanencia del niño en la familia va a ser temporal.

— Los niños pueden presentar reacciones a problemas específicos.

— Deben preparar al niño para irse con su familia.

— Los niños entran en diferentes etapas de desarrollo.

La familia acogedora debe trabajar de forma coordinada con otros profesionales, compartir información con los profesionales y seguir sus orientaciones, y a la recíproca estos profesionales deben contar con su opinión.

Con frecuencia la familia acogedora tiene que lleva registros sobre los progresos del menor u otros aspectos relevantes.

Respecto a la interrelación familia acogedora-familia biológica, la familia acogedora debe ver a la familia del menor como un objetivo más de intervención, pudiendo, siempre que sea posible o deseable, convertirse en un referente para ella. Por su situación puede servir de modelo mostrarles respeto y comprensión y ayudarles a ir asumiendo progresivamente sus responsabilidades.

El niño es el actor principal del acogimiento. Debemos destacar tres aspectos esenciales del niño en el desarrollo de esta medida:

El niño paciente de una situación familiar en crisis altera su evolución psico-social, pero sobre todo le lleva a identificarse con la soledad. El niño que vive las situaciones no deseadas de la drogadicción de sus padres, la violencia familiar, la inseguridad que produce que en su familia se carezca de vivienda o trabajo, tiende a evadirse de la realidad buscando la idealización de una vida totalmente inexistente. La soledad profunda en la que se sitúa el niño ante una realidad adversa, posiblemente sea una de las situaciones más dramáticas de la existencia humana. Ante una situación así, las instituciones deben movilizar todos sus recursos y la sociedad debe ejercer la justicia social mediante actos solidarios que permitan a un niño-a recuperar la confianza en sí mismo y la credibilidad en la existencia digna.

El niño sujeto de derecho.—En torno a su persona, se ha desarrollado toda una legislación para garantizar su protección y cuidado, se han articulado una serie de recursos para atender a sus necesidades y se han diseñado equipos técnicos especializados para coordinar su asistencia.

En la Comunidad de Madrid, la Comisión de Tutela del Menor, como órgano colegiado integrado en el IMAIF, es la encargada de poner en práctica la Ley velando por los intereses de los niños y niñas que se encuentren en una situación de desamparo o necesidad. Su organización y actividad se configuran en torno a tres ejes básicos:

1.   Prevalencia del interés superior del niño.
2.   Preferencia de las medidas normalizadas e integradoras.
3.   Coordinación institucional.

El niño como agente de cambio.—El niño a quien más quiere es a sus padres, de ellos ha nacido y con ellos ha empezado a conocer el mundo. Son sus introductores en la existencia humana y esta condición es esencial para su desarrollo psico-afectivo. La necesidad de conocer nuestro origen es muy importante para asegurar una tranquilidad emocional. (Del libro *Defensor del Menor de la Comunidad de Madrid.*)

Cuando por las causas que sean, un niño-a no puede vivir con su familia de origen, debemos intentar en primer lugar restaurar la convivencia mediante la intervención de Servicios Sociales cercanos y recursos ágiles y eficaces.

El acogimiento familiar es algo cada vez más habitual en nuestro país y ha suscitado una popularidad muy amplia. Es muy frecuente, por el ejemplo, el acogimiento de niños extranjeros que vienen a pasar las vacaciones.

Con el acogimiento todos podemos cooperar para ayudar a otras personas sin necesidad de que pensemos únicamente en la fórmula de la adopción. El acogimiento en la Comunidad de Madrid a través de los Servicios Sociales generales, los Servicios Comunitarios y los Servicios Especiales.

Una vez que decidimos hacer realidad el deseo de acoger se inicia también un proceso de entrevistas con los técnicos del servicio de acogimiento que nos informan de todo con detalle. Se suele dar una carpeta con documentación sobre todo lo relacionado con el acogimiento familiar y se pide que se reflexione detenidamente sobre la propuesta.

La selección para el acogimiento familiar se inicial realmente cuando el ofrecimiento está realizado formalmente, y se inicia también un proceso de idoneidad por parte de los especialistas.

Los pasos para el ofrecimiento de acogimiento familiar son:

1. Apertura de expediente.
2. Inicio de estudio de idoneidad.
3. Establecimiento de entrevistas: en la sede y el domicilio.
4. Valoración de equipo.
5. Envío de informe a la comisión de tutela.
6. Aprobación o devolución.

Existe en el acogimiento un fase de formación muy importante para llevar todo el proceso adecuadamente y que el acogimiento siga un cauce óptimo. Una vez conseguido el acogimiento familiar se produce un seguimiento. El seguimiento del proceso de acogimiento es lo más importante de todo el proceso. Otra fase alude a la evaluación de todo el proceso del acogimiento.

Es evidente que detrás de la evaluación lo que existe es el desenlace de la fase del acogimiento: finalización, cese del acogimiento, retorno y adopción.

El tipo de acogimiento más frecuente es el del acogimiento permanente y el de la familia extensa.

El proceso de un menor desde su familia de origen pasa por:

1. Estar en situación de desamparo u otras situaciones.

2. El niño desamparado pasa a tutela y otras situaciones de guarda en centros.

3. Desde los centros de guarda o tutela pasan a régimen de adopción o acogimiento.

4. Desde los centros de tutela o guarda una vez solucionado el problema que los separa de su familia biológica, vuelven a ella.

El acogimiento familiar permite cierta flexibilidad a las necesidades de los niños y adolescentes que viven esta problemática. Hay que pensar que el acogimiento familiar es un medio más para ayudar a los niños que tienen problemas muy complejos, difíciles y delicados en sus familias de origen.

Los niños acogidos suelen presentar quizá una serie de rasgos psicológicos característicos, pero no perturbaciones de base psicopatológica, como ya vimos en el tema de la adopción. La familia que acoge a estos niños debe esperar rasgos como:

— Comportamiento de cierta agresividad.

— La no aceptación de normas relacionada con la falta de hábitos.

— Síntomas de timidez, desesperanza, inhibiciones: frustración y conflicto.

— Problemas escolares, quizá no relacionados con la capacidad innata como por la falta de hábitos, de entrenamiento oportuno, etc.

Pero todas estas cuestiones son muy habituales también en los niños que están con su familia biológica. Es lógico, por otro lado, que las propias circunstancias de la vida de estos niños les lleven a generar algunos rasgos que sólo son la respuesta a un medio hostil que les hostiga. La familia que le acoge debe estar preparada o prepararse para responder adecuadamente a esta coyuntura que, por otro lado, suele ser habitual para muchos niños que no proceden de ambientes familiares con muchos problemas.

184

BIBLIOGRAFÍA

Recomendados en el libro *Estudio e Investigaciones del Defensor del Menor de la Comunidad de Madrid (:)*

ADOPCIÓN Y ACOGIMIENTO FAMILIAR: Ley 21/87. *Guía de Educación*. Ministerio de Asuntos Sociales. Centro de Publicaciones, 1991.

AMORÓS MARTÍ, Pere: *Situación actual de los servicios de adopción y acogimiento familiar (1988): El proceso de selección*. Ministerio de Asuntos Sociales. Dirección General. Protección Jurídica del Menor. Madrid, 1990.

— *Modelos de selección de futuros adoptantes (1)*. «Menores», núm. 1, enero-febrero 1987, pp. 25-28.

BARJAU, Cío: *Recursos sociales y menor. Los recursos para menores en los Servicios Sociales*. «Revista de Servicios Sociales y Política Social», núm. 9, enero-marzo 1988.

CASAS AZNAR, Ferrán: *Atención residencial y acogimiento familiar para niños y niñas en España: El contexto para una investigación científica*. SL, SN, 1992.

CIRILLO, Stefano: *Familias en crisis y entrega de niños a familias de acogida: Guía para los trabajadores sociales*. «La Nuova Italia Scientifica», 1991.

COMUNIDAD AUTÓNOMA DE MADRID. Consejería de Educación. *Acogimientos familiares en la Comunidad*.

COMUNIDAD AUTÓNOMA DE MADRID. «Menores», núm. 3, mayo-junio 1987, pp. 71-74.

CONVENIO DE COLABORACIÓN ENTRE LA CAM Y EL IMAIF: Consejería de Sanidad y Bienestar Social. Ayuntamiento de Madrid. Enero 1998.

DOCUMENTOS TÉCNICOS DE SALUD PÚBLICA. Consejería de Sanidad y Servicios Sociales.

ESTELLES, Amparo: *El acogimiento familiar en la Comunidad de Valencia. Familias educadoras.* Nau Llibres, 1991.

GARCÍA ROCA, Joaquín: *El acogimiento familiar en el interior de los Servicios Sociales.* «Revista Serveis Socials», núm. 34, mayo-agosto 1989.

JORNADAS SOBRE ADOPCIÓN Y ACOGIMIENTO FAMILIAR: Primeras Jornadas sobre Adopción y Acogimiento Familiar. Departamento de Trabajo y Seguridad Social. Dirección de Bienestar Social. Servicio de Publicaciones del Gobierno Vasco. *Adopción y Acogimiento Familiar,* 545/89. Vitoria, 1988.

MANUAL DE ACOGIMIENTOS FAMILIARES: Junta de Castilla y León. Dirección General de Servicios Sociales y Cruz Roja Española.

MARTÍN GARCÍA DE LEONARDO, María Teresa: *La tutela «ex lege», la guardia y el acogimiento de menores.* Generalidad Valenciana. Valencia, 1991.

MONTANÉ MERINERO, María Jesús: *El acogimiento familiar.* «Menores», núm. 8, pp. 20-33.

RIPOLL MILLET, Aleix: *Modelo ecológico de acogimiento familiar.* «Menores», núm. 2, marzo-abril 1987, pp. 61-69,

— y RUBIOL, Gloria: *El acogimiento familiar.* Ministerio de Asuntos Sociales. Centro de Publicaciones. Madrid, 1990.

ROSENCVEIG, Jean Pierre: *La adopción y el acogimiento familiar en Francia.* «Menores», núm. 2, marzo-abril 1987, pp. 39-48.

TRISELIOTIS, John: *Trabajo en grupo en la adopción y el acogimiento familiar.* SL, 1988.

VEGA PASTOR, Maribel: *El acogimiento familiar en Fuenlabrada.* «Revista Serveis Sociais», núms. 3-4, mayo-agosto 1989, pp. 41-46.

Otros:

DEPARTAMENT DE SANITAT Y SECURITAT SOCIAL: *El llibre d'en Pau*. Generalitat de Catalunya. Barcelona, 1996.

DIRECCIÓ GENERAL D'ATENCIÓ A LA INFANCIA. *L'Adopció*. «Dossier Informatiu». Justicia. Generalitat de Catalunya.

DIRECCIÓN GENERAL DE PROTECCIÓN JURÍDICA DEL MENOR. *Adopción y acogimiento familiar. El maltrato y protección a la infancia en España*. Madrid, 1996. *La adopción internacional*. «Revista de Estudios de Infancia y Sociedad». Madrid, 1991.

MEDICUS MUNDI. *Adopción por Internet*. Madrid, 1996.

MINISTERIO DE ASUNTOS SOCIALES. *Adopción de niños de origen extranjero*. Madrid, 1995.

MOSS, Rudolph: *Escalas de clima social*.

UNICEF: *Estado mundial de la infancia*. Infornic, 1996.

ÍNDICE

362,936